Ils ont lapidé Ghofrane

6, rue de Mézières, 75006 Paris - www.desfemmes.fr

ISBN : 978-2-7210-0542-7
EAN : 9782721005427

Diffusion CDE

Monia Haddaoui

Ils ont lapidé Ghofrane

Avec la collaboration de
Anne Bécart

des femmes
Antoinette Fouque

Un cauchemar

Le mercredi 20 octobre 2004, dans la matinée, j'avais quitté Marseille et j'étais sur l'autoroute à destination de La Seyne-sur-Mer. Je m'apprêtais à rejoindre le bar dont j'avais la gérance, et ce trajet m'était familier. Cependant, j'étais nerveuse. Ma fille Ghofrane, âgée de vingt-trois ans, n'était pas rentrée à la maison depuis le dimanche 17 octobre. Elle était sortie le soir, à 22 h 15, après avoir reçu un appel téléphonique, et elle n'était pas rentrée. Elle n'avait encore jamais découché sans me dire exactement où elle se trouvait.

Le matin, nous avions lu dans *La Provence* que deux cadavres avaient été retrouvés à Marseille : celui d'un jeune homme dans le parc de Font Obscure, dans le XIXe arrondissement, et celui d'une fille de vingt-cinq ans près du centre commercial Grand Littoral, dans le XVIe arrondissement. Mais nous n'en savions pas plus.

Le cœur d'une mère sent bien des choses : je flairai le drame.

C'est sur cette autoroute que j'ai reçu un SMS de ma fille cadette, Iman. Il disait : « Il y a la police à la maison. » Je me suis garée et je l'ai appelée. Elle m'a appris que Ghofrane était à l'hôpital de la Timone. Elle avait été « giflée ». J'ai voulu parler aux policiers de la brigade criminelle et je leur ai demandé d'attendre que des voisins viennent auprès de mes enfants avant de les laisser. J'entendais des cris en bruit de fond.

Le commandant de police avait de son côté contacté mon fils aîné Naoufel, qui travaillait à Aubagne, et lui avait dit de rentrer immédiatement. Quand ce dernier lui avait demandé la raison de son appel, le commandant avait parlé d'un « incident grave » arrivé à la famille. Naoufel insistant, le commandant avait fini par lui annoncer : « Votre sœur a été assassinée ». De leur côté, les policiers qui s'étaient rendus chez nous avaient quitté l'appartement en présentant leurs condoléances à mes filles… Il n'y avait plus de doute possible : une tragédie venait de s'abattre sur notre famille.

Il fallait rejoindre la maison, mais je n'étais pas capable de conduire. Je ne sais plus comment j'ai fait pour parvenir jusqu'à Toulon, puis jusqu'au bar. Quelqu'un a dû m'y accompagner. Je me souviens juste que, plus tard, un monsieur était assis près de moi, dans mon bar. Je lui dictais le nom des personnes à appeler, et il prenait leur numéro de téléphone dans le répertoire de mon portable pour pouvoir les contacter. Il a appelé tout le monde de son propre téléphone. J'ai ensuite appelé ma famille et mes amis en Tunisie.

Une fois que j'ai eu prévenu tous mes proches, je suis rentrée à Marseille. Je ne sais pas qui m'y a conduite mais, à midi, j'étais rentrée à la maison. Toute cette période, du SMS jusqu'à mon retour à Marseille, reste pour moi un mystère. Mon esprit l'a complètement bannie de ma mémoire.

C'était pendant le ramadan. La famille était en grands préparatifs : Ghofrane devait se marier le 5 décembre 2004. Mon fils venait de rentrer de Tunisie, d'où il avait rapporté des accessoires et des pâtisseries. Tout le monde dormait encore quand les agents s'étaient présentés. Mes deux filles les avaient accueillis, et c'est alors qu'on leur avait annoncé que leur aînée était « à l'hôpital ». Quand elles avaient interrogé les policiers sur les raisons de son hospitalisation, ils avaient invariablement répondu : « Elle a été giflée. » Mais cela n'était pas un motif de décès... L'incompréhension régnait. Nous étions tous convoqués à l'évêché l'après-midi même, à 15 heures.

Je ne pouvais pas y croire. Je composais sans cesse le numéro de téléphone de Ghofrane, mais je tombais inévitablement sur sa messagerie.

Devant tant de mystère, nous avons essayé de reconstituer la manière dont avaient dû se dérouler les choses : le dimanche 17 octobre, Ghofrane est allée boire un café avec son fiancé, son beau-frère, et sa sœur Chadia accompagnée de sa fille Inès – respectivement ma fille et ma petite-fille –, juste en bas de l'immeuble. Elle est rentrée vers 21 h 30, elle s'est douchée et mise en pyjama. Mais elle a reçu un appel vers 22 h 15. Sa sœur était auprès d'elle à ce moment-là, et elle dit avoir entendu la voix de deux filles. Ghofrane a dit : « J'arrive tout de suite, ma gâtée », s'est rhabillée et est redescendue vers 22 h 30. Son fiancé l'a à nouveau croisée en bas de l'immeuble. Elle était en compagnie de deux filles, une petite et une grande. Il lui a demandé ce qu'elle allait faire, et elle lui a répondu : « Je vais faire un tour en voiture avec ces deux filles, ne t'inquiète pas. » Nous ne l'avons jamais revue.

Moi-même, j'étais ce soir-là dans mon bar, à La Seyne-sur-Mer. En rentrant du travail, vers 1 h 30, voyant que son lit était vide, j'avais essayé de l'appeler, mais elle ne répondait pas. J'avais également appelé une de ses amies, car je les croyais ensemble, mais elle n'avait pas pu me dire où se trouvait Ghofrane. Nous étions inquiets, car ce n'était pas du tout dans ses habitudes de sortir tard le soir. Elle n'est pas rentrée de la nuit, ni le lundi, ni le mardi.

Le mercredi 20 octobre, à mon retour de La Seyne-sur-Mer, j'étais complètement paniquée. Même l'immeuble m'effrayait, et j'avais peur d'entrer, tellement je craignais ce qu'il allait falloir affronter.

Nous nous sommes rendus au commissariat, mes trois enfants les plus âgés – mon fils Naoufel et mes filles Chadia et Iman –, Aïcha (l'amie de Ghofrane), mon amie Kokina et moi. Nous ne savions rien, si ce n'est que Ghofrane avait été « giflée » et qu'elle en était morte. Une fois à l'évêché, les policiers nous ont présenté leurs condoléances... L'équipe du Service d'aide aux victimes d'urgence (Savu, à l'initiative du ministère de la Ville et de la Rénovation urbaine) nous attendait, composée d'un juriste, d'un psychologue et d'un criminologue. Ils nous ont accompagnés fidèlement jusqu'à la mise en examen des prévenus. La Fédération pour l'aide et le soutien aux victimes de la violence (FPASVV), créée par le Dr Michel Bourgat à la suite de l'assassinat de son fils Nicolas, nous a également assistés. Le Dr Bourgat est notre médecin de famille, il a soigné Ghofrane depuis sa naissance. Il est désormais conseiller municipal. L'équipe était aux petits soins avec nous, comme si elle voulait nous préparer à quelque chose de terrible ; nous nous demandions bien de quoi il pouvait s'agir.

Nous avons été reçus et interrogés l'un après l'autre, comme si nous étions, nous, sa famille, les criminels. On nous a dit que, comme nous l'avions lu le matin même, le cadavre d'une jeune femme avait été découvert par des promeneurs dans un terrain vague du XVIe arrondissement de Marseille, juste à côté du centre commercial Grand Littoral. Et dire que la police affirmait qu'il s'agissait de Ghofrane !

On m'a présenté des empreintes digitales, dont on m'a dit qu'elles correspondaient à celles qui avaient été fichées lors de l'enregistrement de la carte d'identité de Ghofrane. On m'a demandé d'identifier la photo d'identité qui était adjointe aux empreintes. J'ai refusé d'attester qu'il s'agissait de ma fille. On dit que, de par le monde, sept personnes différentes peuvent posséder les mêmes empreintes digitales : je ne voulais pas certifier que la personne dont on me parlait était bien Ghofrane, car j'avais encore l'espoir d'une erreur. Et surtout, je ne l'avais pas vue ! Il était hors de question que je signe le moindre papier avant d'avoir vu le corps qu'on disait être celui de ma fille. Le commandant m'a alors annoncé qu'elle avait été autopsiée à la demande du procureur. Tant qu'on ne me donnait pas l'autorisation d'inhumer le corps, je ne pouvais pas l'approcher. On m'a également dit qu'il serait très douloureux d'aller à la morgue. Je ne parvenais pas à comprendre comment de simples gifles pouvaient entraîner une situation aussi complexe.

Après l'audition, le juriste m'a dit que j'avais le droit de voir le corps, même si on me l'interdisait. Les personnes du Savu nous ont accompagnés à la maison, et sont restées près de nous jusqu'à 3 heures du matin, pour revenir dès 9 heures le lendemain.

Le lendemain, le jeudi 21 octobre, le commandant m'a appelée pour nous convoquer de nouveau. Son équipe et lui avaient travaillé toute la nuit… Ensemble, nous avons vérifié tous les numéros de téléphone avec lesquels Ghofrane avait été en contact dans les six derniers mois. Je les connaissais presque tous, car ma fille me présentait toujours ses amis.

Ce jour-là, le commandant avait une très bonne nouvelle pour nous : nous avions l'autorisation d'inhumer Ghofrane, et donc de voir son corps, ainsi que de l'apprêter pour la mise en bière. Je me préparai à l'anéantissement de tous mes espoirs. Il m'a dit également qu'il avait une autre nouvelle à nous annoncer. Ils avaient un suspect. Nous aussi en avions un… Les relations étaient très bonnes entre l'équipe du commandant et nous : d'un accord tacite, nous travaillions main dans la main, lui avec son équipe de policiers en civil, et moi… avec l'équipe de rue que j'avais mise en place.

La morgue

L'après-midi même, mes enfants, Aziz – le père d'Inès –, Kokina et sa fille Amel, les amies de Ghofrane Aïcha et Raouda, le Savu et moi sommes partis pour la morgue. Nous étions une vingtaine de personnes. Je ne voulais pas que d'autres la voient. Le médecin légiste, trois autres médecins et deux infirmiers nous attendaient. Le juriste du Savu a pénétré le premier dans la salle, mais il en est ressorti immédiatement en respirant très fort. Il m'a dit : « N'entrez pas. Il ne faut pas que vous entriez. C'est horrible. » Je lui ai répondu que j'irais coûte que coûte, parce qu'il s'agissait de mon enfant. Nous sommes tous entrés de force.

Mais une fois face à elle, le monde s'est écroulé. C'était catastrophique. Ghofrane avait été massacrée. On avait taillé son oreille droite et arraché à vif le lobe de son oreille gauche. Ses lèvres étaient éclatées, et on lui avait cassé les dents, qu'elle avait pourtant si belles. Elle avait un trou à la tempe gauche, par lequel son œil avait été déplacé. Tous les doigts de sa main gauche avaient été écrasés, et particulièrement l'annulaire, qui avait été littéralement broyé. Ses côtes avaient été brisées, et elle portait des hématomes sur le torse. Le médecin légiste l'avait rasée, et elle était marquée des entailles de l'autopsie. Mais surtout, son crâne avait été fracassé. On pouvait voir l'impact de trente et un coups à la tête. Trente et un trous. En la touchant, j'ai senti de petits morceaux d'os se déplacer sous la peau.

Selon le rapport d'autopsie, elle aurait agonisé entre dix-huit et vingt-quatre heures. Les herbes avaient été foulées et couchées autour de son corps. Elle avait cherché à échapper à ses bourreaux, sans y parvenir.

« Ghofrane » signifie « le pardon »… Mais j'ai su en voyant ma fille que je ne pourrais jamais pardonner cette atrocité…

Certaines personnes ont vomi, d'autres se sont évanouies. Les pompiers les ont évacuées. Naoufel et Aziz l'embrassaient en lui récitant tout bas des sourates coraniques. Tous ceux qui ont vu Ghofrane à la morgue en sont encore traumatisés. Mais moi, je ne voyais pas les coups : je voyais le visage de mon enfant, son joli nez, le grain de beauté qu'elle avait à l'épaule. Je voyais ma fille endormie ; je voyais Ghofrane.

Je l'ai embrassée, je l'ai serrée dans mes bras. Elle était toute légère, à cause de l'autopsie. Je me suis mise à crier : « Ghofrane, maman est là ! Réveille-toi, on est là ! », mais elle continuait de dormir. Kokina et moi étions chacune d'un côté, et embrassions toutes les deux ses tempes et son beau visage. Avant de partir, j'ai couvert sa tête de son voile de mariée et j'ai laissé à son chevet ses cigarettes, son briquet, ainsi qu'un bracelet en argent que Naoufel lui avait rapporté en cadeau. Il a été très difficile de la quitter.

Le lendemain, le vendredi 22 octobre à 9 heures du matin, j'ai pu la revoir. J'avais Ghofrane pour moi toute seule.

Quand je suis arrivée, on avait préparé le corps dans une chambre sur les murs de laquelle des sourates coraniques étaient affichées. Johnny, le parrain de mes enfants, avait préparé le café qu'elle aimait, « le café de Ghofrane », et je le lui avais apporté. Mais les cigarettes de la veille n'avaient pas été fumées… Ma petite fille dormait toujours.

Je me suis dévêtue. Je l'ai sortie du sac dans lequel elle reposait, et je l'ai prise à nouveau dans mes bras. J'ai embrassé chaque partie de son corps. J'ai bu son sang. Au fur et à mesure que le temps passait, sa température se réchauffait, et son crâne se disloquait de plus en plus. Les mots ne pourront jamais égaler l'horreur que j'ai éprouvée face à cela : la tête de ma fille avait été pulvérisée.

Faouzia m'a rejointe. Kokina aussi ; c'est une amie très chère, qui a un fort caractère. Elle n'a pas eu peur de m'accompagner dans cette expérience extrême. Elles me regardaient, sans aucune réaction. Elles ont dû croire que j'étais devenue folle.

Je suis rentrée à la maison, puis je suis retournée à la morgue une fois encore. Je ne pouvais pas me résoudre à l'abandonner. Johnny, Faouzia, Kokina et mes enfants sont venus me chercher et m'ont persuadée de rentrer avec eux. Avant de partir, chacun l'a embrassée très fort. On est encore restés longtemps à la veiller. Tout le monde pleurait, jusqu'au médecin légiste. Mais Johnny a détendu l'atmosphère en proposant : « Allez, on va tous boire le café de Ghofrane. » C'était en quelque sorte communier avec elle que de boire le bon café qu'elle aimait tant.

L'amour de mes proches m'avait enfin convaincue de les accompagner à la maison. Avant de quitter Ghofrane, je lui ai prêté serment : on retrouverait tous ceux qui l'avaient tuée d'une manière aussi ignoble, et ils paieraient cher ce qu'ils lui avaient fait. Cette promesse a résonné dans la salle, menaçante. Le chemin allait être si long, si difficile… Mais c'était désormais un devoir. Nous sommes partis, le cœur empli des échos de cette grande résolution. Je me sentais pleine de force et de courage.

Je m'apprêtais à combattre férocement pour retrouver les assassins de Ghofrane. Pour moi, il était impossible qu'une seule personne ait fait cela à ma fille, et pour plusieurs raisons. D'abord parce qu'elle faisait de la capoeira et savait se défendre : un individu isolé n'aurait pas réussi à la maîtriser. Mais également parce qu'elle était très méfiante. Elle n'avait que deux amies, Aïcha et Raouda, et ne faisait pas confiance aux inconnus. Lorsqu'elle sortait, elle craignait pour son sac, pour son téléphone. Et même avec son fiancé, elle restait au centre-ville et ne s'en éloignait que rarement. Si Ghofrane était sortie à 22 h 30, ce ne pouvait être qu'en confiance. Elle connaissait les filles qui l'avaient appelée. Comment était-elle arrivée dans les quartiers nord de Marseille en cette nuit du 17 octobre 2004 ?

Venger Ghofrane

La mort est une chose. Le meurtre et la torture en sont une autre. Et je suis entrée en guerre. Contre les hommes, et même contre Dieu. On voulait me faire écouter des cassettes du Coran, mais je les coupais. Un imam a essayé de me faire accepter la mort de Ghofrane en me disant que tout était écrit avant même sa naissance, que tel était son destin. Je n'étais pas d'accord. Je ne pouvais pas accepter que ma fille se soit vue mourir, qu'elle ait souffert, qu'elle soit morte seule, dans un terrain vague, sous la pluie froide d'une nuit d'automne. Ce n'était pas juste. Les tortionnaires de ma fille devaient payer.

Car ces personnes étaient plus que des assassins : c'étaient des tortionnaires. Ma fille avait été « giflée » et en était morte, m'avait-on dit… Ce que j'avais pu voir des sévices endurés par mon enfant me portait à chercher la véritable cause de son décès. Comment avait-on pu lui faire subir de telles atrocités ? Comment s'y était-on pris pour briser tous ses doigts et faire de son crâne cette charpie qui nous avait tous bouleversés ? Comment avait-on pu arracher sa boucle d'oreille à vif, tailler son oreille droite et casser ses dents ? Certainement pas en la giflant. On me mentait, et je devais découvrir pourquoi.

Mon enquête

Pour essayer de comprendre la manière dont avait pu se dérouler le drame, je suis allée sur le lieu du crime. C'était un terrain vague encavé, cerné des collines du Plan d'Aou et de La Bricarde d'un côté, de celles de La Viste de l'autre, et fermé par la voie rapide qui mène au centre commercial Grand Littoral. Un coin de nature au beau milieu des cités, un espace sauvage et isolé. Au centre de ce terrain, on pouvait voir des bassins de rétention d'eau. C'est près des grilles qui entouraient ces bassins que le corps de Ghofrane avait été retrouvé.

Des jeunes m'ont depuis révélé que ce terrain est le repaire de tous les agresseurs, violeurs et voleurs des environs. Ils viennent y vider les sacs qu'ils dérobent, puis ils les jettent dans les bassins. Peut-être y trouverait-on d'ailleurs, si on les asséchait, le sac de Ghofrane, et d'autres effets qu'on n'a jamais retrouvés …

Cet endroit est devenu ma Mecque. Tous les vendredis, je m'y rends désormais en pèlerinage. Un pèlerinage macabre. Même si les lieux ont beaucoup changé depuis le drame. En effet, la mairie a depuis, pour le sécuriser, fait aménager le terrain avec l'accord du propriétaire : des caméras surveillent les allées, des grillages ont été posés, des pierres barrent les entrées à partir de la voie rapide. Des jeux pour enfants ont été installés, et ce lieu est devenu un bel espace sportif. Je les remercie d'avoir pris cette initiative, qui empêchera peut-être qu'un autre drame n'arrive.

Il y avait déjà deux caméras à l'époque, mais elles étaient dirigées vers l'eau, pour en surveiller la hauteur. Elles n'ont été d'aucune aide dans l'enquête, malgré la collaboration précieuse du propriétaire qui nous a permis de visionner les bandes.

J'ai appris à apprivoiser le terrain vague du Grand Littoral, mais lorsque je m'y suis rendue pour la première fois, le ciel s'est effondré. En approchant de la barrière, j'ai commencé à apercevoir les traces de sang. Puis les pierres et, sur les pierres, encore du sang. Du sang, de la peau et des cheveux noirs. Il y avait sur le sol une trentaine de pierres maculées du sang de ma fille, et elles formaient l'empreinte de sa tête. Elles dessinaient les contours de sa tête : ils l'avaient couronnée de pierres.

Cela a été terrible. Mon corps est devenu fou : j'ai eu des contractions et une hémorragie. J'accouchai de Ghofrane une seconde fois sur le lieu de son supplice. J'ai perdu connaissance.

Les services de secours sont intervenus, et on m'a hospitalisée. Mais quelques heures plus tard, j'ai signé une décharge et appelé un taxi pour rentrer chez moi. Mes enfants avaient besoin de moi, je devais être forte : notre chemin était encore long et beaucoup de choses difficiles nous attendaient.

Dès que j'ai été en mesure de me déplacer seule, j'y suis retournée avec Kokina. Nous avons ratissé le terrain, centimètre par centimètre. Nous l'avons sillonné de long en large, et j'ai ramassé les pierres. Toutes celles que j'ai pu prendre. Ces pierres étaient plus que des pièces à conviction : ces pierres étaient la vérité.

Ma fille n'avait pas été giflée. Ma fille avait été LAPIDÉE.

Des centaines de questions se bousculaient dans ma tête. Et entre autres celle-ci : comment était-il possible qu'une fille soit lapidée à Marseille, en France, pays des droits de l'homme ? C'était tout simplement intolérable.

Malgré le traumatisme, malgré la douleur, dès ma visite à la morgue, mon deuil s'est mué en combat. L'heure n'était pas aux pleurs, il fallait comprendre. Le matin, j'ai réuni dans ma chambre mes enfants, Aïcha, Kokina et sa mère Hadja, et nous avons pris ensemble la décision de rechercher la vérité par nos propres moyens, parallèlement à l'enquête policière.

S'il me fallait avant toute chose rendre à ma fille les hommages qui lui étaient dus et veiller sur ma famille, dont tous les membres étaient en état de choc, nous avons tout de même amorcé notre enquête en filigrane dès l'annonce de la mort de Ghofrane. Je voulais comprendre, bien entendu. Mais ce que je désirais par-dessus tout, c'était que les barbares soient punis. Pour cela, il fallait chercher les informations dans la rue, au plus proche des tortionnaires de ma fille. Une enquête qui a porté ses fruits... Alors je me suis préparée : je me suis habillée, je me suis maquillée, et je suis partie au combat.

Portrait d'une famille ordinaire

Voilà que d'un seul coup, la violence et l'horreur avaient fait irruption dans ma vie qui, jusqu'à présent, avait été relativement paisible.

J'ai grandi à Tunis, où j'ai vécu jusqu'à mon mariage, en 1980, à l'âge de seize ans. J'ai eu une très belle enfance. Mon père était coureur professionnel, il participait à des marathons pour l'équipe nationale de Tunisie, et il a même été sélectionné parmi les dix meilleurs coureurs aux Jeux Olympiques. Il avait d'abord couru pour l'armée, puis pour la Steg, la Société tunisienne d'électricité et de gaz. Sa carrière a pris fin vers 1975. C'était une autre génération de sportifs : mon père a couru toute sa vie uniquement pour voir le drapeau tunisien monter dans le ciel, et il n'a jamais pensé que son activité pouvait servir à rapporter de l'argent.

Nous l'avons peu vu durant notre enfance, mes trois frères et moi, car il voyageait beaucoup. C'est surtout notre mère qui s'occupait de nous. Elle était couturière, et faisait des broderies magnifiques. Cependant, contrairement à ce qu'on pourrait imaginer, c'était elle la personne instruite à la maison, tandis que mon père était analphabète.

Mon père était très proche de ses enfants. Il m'a appris énormément de choses, grâce à son écoute et à sa grande intelligence. Il a toujours eu confiance en moi, et cette confiance est le pilier de l'éducation que j'ai voulu donner à mes enfants.

J'avais trois frères, mais je passais beaucoup de temps chez une de mes tantes, qui était aveugle de guerre. Je m'entendais extraordinairement bien avec elle : nous avions le même caractère. Mes cousins me sont donc devenus aussi proches que mes frères. C'est peut-être le fait d'avoir vécu dans un entourage masculin qui m'a fait rechercher l'autonomie. Très rapidement, j'ai eu l'âme d'un chef : mon père était mon complice, et mes frères m'obéissaient… Combien de fois ils m'ont remplacée quand j'étais de corvée de ménage ! Pendant ce temps, je les supervisais, comme un chef de chantier ! J'ai aussi vu mon oncle et mes cousins tenir des bars. J'ai toujours été attirée par ce métier. J'avais envie de rencontrer des gens, de leur remonter le moral, de les soutenir.

Il faut préciser que durant tout le temps que j'ai passé en Tunisie, je n'ai jamais vu de femme voilée dans mon entourage : ni ma mère, ni mes tantes, ni ma grand-mère, ni même mon arrière-grand-mère. Mon père nous a enseigné une religion très souple. On connaissait le ramadan, la prière, le pèlerinage à la Mecque, mais à côté de tout cela, on avait accès aux restaurants, aux bars, et on avait des amis juifs ou chrétiens. On vivait tous ensemble, et il n'y avait pas de problèmes de racisme.

Lycéenne, je suis devenue militante. Comme j'étudiais dans une section littéraire, j'avais été choisie pour être rédactrice en chef d'un petit journal, dans lequel on défendait les valeurs féministes. J'ai gardé cet esprit militant, et les bonnes causes trouvent toujours écho en moi.

Profession : patronne de bar

Mon mari était un cousin de mon père. Ce dernier, connaissant ses qualités, a accepté de lui donner son unique fille. Je dois reconnaître que mon mari était un homme bon, qui m'a tout appris. Au moment de notre mariage, il vivait déjà en France : il avait eu son bac en Tunisie, et avait poursuivi ses études pendant trois ans à Marseille où il avait eu son diplôme et avait trouvé du travail en tant qu'électricien hautement qualifié. J'ai pour ma part continué d'aller au lycée jusqu'à ce qu'il puisse m'emmener avec lui.

Nous sommes donc partis pour Marseille. Une fois sur place, j'ai passé mon Bafa. Ensuite j'ai fait une formation en gérontologie avec l'Office Méditerranée d'information animation loisirs (Omial), et j'ai eu mon diplôme. J'avais choisi de me spé-cialiser dans les maladies de Parkinson et d'Alzheimer. Cela me plaisait beaucoup, mais j'ai dû arrêter rapidement, car ce métier n'était pas fait pour moi : je souffrais trop quand les personnes mouraient. J'avais à chaque fois l'impression de perdre un membre de ma famille.

Je continuais de militer activement, en tant que membre fondateur de l'Union nationale de la femme tunisienne (UNFT). Nous allions dans les quartiers faire du porte-à-porte et nous rencontrions les femmes. Nous nous sommes heurtées plus d'une fois aux maris, mais nous tenions bon ! Progressivement, nous avons pu ouvrir des ateliers de broderie, d'alphabétisation, et même créer un salon de coiffure où les femmes pouvaient se pomponner pour trois fois rien, avec le soutien de la mairie de Marseille. Nous organisions également des voyages à l'étranger pour réunir les mères et leurs filles. Nous rendions visite aux malades dans les hôpitaux, et certaines allaient voir les détenues aux Baumettes.

Je gardais donc des liens très forts avec mon pays. En 1992-1993, j'ai même eu une émission littéraire sur *Radio Soleil* : « *Les amis de la Tunisie* ». Au début, il n'y avait qu'un standard, mais rapidement, la demande était telle qu'il y en eut trois !

À vingt-deux ans, en 1983, j'ai enfin trouvé la voie qui m'appelait depuis toujours : j'ai pris la gérance d'un bar, rue d'Aubagne. Je l'ai tenu jusqu'en 1990, date à laquelle mon mari et moi nous sommes séparés.

Nous avons vécu ensemble dix ans, dix ans de bonheur durant lesquels nous avons mis au monde de beaux enfants : tout d'abord Ghofrane en 1981, puis Naoufel en 1982, Chadia en 1984, Iman en 1986, et enfin Ahmed en… 1998 ! Mais, même à ce moment-là, je travaillais seule : lui avait son activité d'électricien et moi, je tenais le bar de la rue d'Aubagne. J'ai eu beaucoup de chance de l'avoir pour époux. Il était pour moi un père et un frère, en même temps qu'un ami sincère. Il a toujours accepté mon indépendance. Il était très moderne. Après notre séparation, nous sommes restés proches, et il a continué de voir les enfants tous les jours, à faire les devoirs avec eux et à les emmener en sorties.

J'ai donc commencé ma carrière de patronne de bar très jeune. Contrairement aux apparences, il est plus facile de tenir un bar quand on est une femme. Les hommes recherchent toujours un rapport de force physique ; pour une femme, cela se passe différemment. Je dirais même qu'il est plus facile d'être une femme seule, dans ce métier. Il faut avoir de la poigne, bien sûr, mais les clients apprennent rapidement à vous respecter.

Le grand fléau pour les patrons de bar dans ces années 1980-1990, c'était les drogues dures. Maintenant, c'est surtout le haschisch et les cigarettes de contrebande que les délinquants vendent en quantité. Quand on travaille dans un bar, on voit de tout… Et on sait tout, même si on ne parle pas… Le milieu a une loi : la loi du silence. Et l'individu ne peut rien contre les règles instaurées… J'ai toujours veillé à être droite et bienveillante. Si la police n'a jamais cherché à me contrôler d'une quelconque manière, c'est pour une raison toute simple : j'étais ma propre police !

Après le bar de la rue d'Aubagne, j'ai pris le *Bar Pierre*, en bas des escaliers de la gare Saint-Charles, de 1999 à 2002. Contrairement à ce qu'on pourrait penser, c'est moins difficile de tenir un bar près d'une gare que dans une rue populaire comme la rue d'Aubagne. Les clients ne cherchent pas les ennuis : ce sont soit des voyageurs, soit des prostituées qui viennent au calme boire un café au petit matin. Le tout est de bannir d'entrée de jeu les personnes qui pourraient poser des problèmes : les *dealers*, les petits voleurs à la tire et les proxénètes. Je leur ai toujours refusé l'entrée de mon établissement, et tout s'est bien passé. J'ai rencontré aussi beaucoup de jeunes fugueuses... Je discutais avec elles, et je leur faisais tellement peur qu'elles me suppliaient d'appeler leurs mères pour qu'elles viennent les chercher ! La gare attire des personnes désemparées, mais souvent elles ne sont pas mauvaises.

C'est dur d'avoir des amis intimes quand on tient un bar : les gens nous voient d'un mauvais œil. La seule amie que j'aie, c'est Kokina, elle-même patronne de bar ! Mais je n'ai pas eu besoin d'amis, car j'avais ma famille : mes enfants ont été et sont toujours mes amis.

Je sais qu'on réprouve souvent ma profession, mais j'ai l'intime conviction d'avoir fait beaucoup de bien dans les bars que j'ai tenus. J'ai par exemple sensibilisé beaucoup de jeunes aux dangers de la drogue, en affichant des panneaux que je confectionnais moi-même, alors que les *dealers* les guettaient au coin de la rue. J'ai recueilli et nourri des SDF. J'ai soulagé des personnes mal dans leur peau en leur permettant de parler.

Même si l'islam condamne la vente et la consommation d'alcool, je sais que Dieu est clément. La religion est une affaire de foi. C'est entre Lui et moi que cela se passe. Je pratique ma religion à ma manière, qui vaut bien celle des autres. Et si je ne fais pas le ramadan, c'est que je trouverais mesquin de me comporter comme une mécréante toute l'année et de jouer les saintes pendant un mois... Pour moi, faire le ramadan, ce n'est pas jeûner la journée et fumer du haschisch le soir ! Une fois, des travestis m'ont même demandé si le steack que je leur servais à 4 heures du matin était hallal ! Je trouve ces comportements hypocrites. Les humains peuvent dire ce qu'ils veulent, Dieu seul jugera. Et je suis sûre de ma foi.

Un petit coin de paradis : La Seyne-sur-Mer

J'ai toujours aimé le Var et La Seyne-sur-Mer. Lorsque je travaillais à Marseille, j'allais m'y reposer chaque week-end. Je me promenais à Saint-Maximin et à Saint-Raphaël, mais je finissais toujours par venir m'asseoir sur le port de La Seyne. J'étais amoureuse de cet endroit.

En 2003, j'ai eu un dernier enfant, Nizar. J'ai alors quitté le *Bar Pierre* pour travailler un petit moment en tant que salariée. Mais j'ai vite cherché à nouveau de l'activité... Les travailleurs indépendants sont ainsi : il me fallait monter une nouvelle affaire !

J'aime Marseille. Mais pour ce qui était du commerce, il fallait aller voir ailleurs... Il n'y a plus rien à Marseille, tout ferme. Non seulement parce que les locaux sont très chers, mais aussi à cause des agressions, tellement courantes que les clients se font rares... Imaginez un passager qui descend les marches de la gare Saint-Charles et se retrouve accueilli par trente jeunes prêts à l'assaillir ! J'ai souvent vu des gens arriver au *Bar Pierre* après s'être fait dépouiller de tous leurs biens. Une équipe de policiers a fait la guerre à ces petits criminels pendant des années, mais en vain. À peine les jeunes étaient-ils remis à la justice qu'on les retrouvait le lendemain sur les marches de la gare... « sous contrôle judiciaire » !

C'est dramatique. Quand ils n'agressent pas les gens, il arrive que les mineurs se prostituent auprès de pédophiles. Je sais même que certains étaient entretenus par ces « messieurs ». Il y a des associations qui s'occupent très bien de ces jeunes, comme l'Association des jeunes errants (AJE), mais elles ne peuvent pas prendre tout le monde en charge. D'autant plus qu'il en arrive de nouveaux tous les jours.

J'ai donc commencé à vendre du prêt-à-porter sur les marchés de la région : Gap, Sisteron, Toulon et La Seyne-sur-Mer. C'est là que j'ai rencontré une propriétaire de fonds de commerce qui acceptait de m'accorder la gérance de son établissement. J'étais ravie ! J'allais à nouveau tenir un bar, métier que j'adore, et de plus, dans ma ville fétiche !

J'ai inauguré l'établissement le 19 août 2004. Je voulais une grande tolérance dans cet endroit : viendraient s'y amuser tous ceux qui le désiraient, sans discrimination. J'y organisais des soirées transformistes et des soirées orientales. Mais les jeunes d'une cité voisine ne l'entendaient pas de cette oreille... Comme je les avais refusés, de peur qu'ils ne *dealent* et ne causent des problèmes à ma clientèle, ils se sont vengés : des vandales sont venus tout saccager. Une semaine plus tard, certains ont désiré me rencontrer... J'ai accepté le dialogue.

Après une longue discussion, nous avons convenu de certaines choses : pas de *deal*, pas de vol, et du respect envers les clients. C'étaient les seules conditions pour que je les accepte. Mais le plus beau est qu'ils m'ont eux aussi donné une leçon, à leur manière : je les avais refusés en les jugeant gênants *a priori*, sans même les connaître... Moi-même, je devais faire preuve de tolérance. Effectivement, j'ai rencontré des personnes tout à fait adorables, des jeunes, travailleurs et courageux, qui m'ont beaucoup soutenue dans les moments difficiles. Ces jeunes désiraient juste un établissement qui les accepte à La Seyne-sur-Mer... Mais ils ne sont pas délaissés par ailleurs : la ville a eu de nombreuses initiatives pour les aider, y compris ceux qui avaient le plus de difficultés. J'ai rencontré un jeune homme à qui la mairie avait proposé un poste sur la voirie malgré son casier judiciaire, et les cas sont nombreux. Je trouve ça très encourageant, et plus fructueux que la stigmatisation d'office.

La situation s'était arrangée, et la belle vie allait pouvoir commencer... Mais Ghofrane est morte le 18 octobre 2004, deux mois à peine après l'ouverture du bar...

Johnny, mon frère

J'ai rencontré Johnny au *Bar Pierre*. Il était venu à Marseille pour assister au concert de Johnny Hallyday. Il se trouvait dans le quartier de la gare, cette nuit-là, et des jeunes le suivaient pour le voler. Il est entré dans le bar et a voulu offrir des pains au chocolat aux jeunes qui l'attendaient à la porte sans oser entrer, parce qu'ils savaient que je ne les laisserais pas faire. Il allait sortir pour leur donner les viennoiseries, mais je l'ai retenu. C'est moi qui suis sortie et qui ai donné les pains aux jeunes. J'ai encaissé la note de suite, car je me méfiais... Peut-être ce client n'avait-il pas un sou en poche ! Mais Johnny avait découvert le *juke-box* : il a passé son temps à mettre de la musique, à offrir des tournées, à payer à manger à tous ceux qui passaient, jusqu'à n'avoir plus d'argent du tout. Il en a raté son concert !

Le lendemain matin, je l'ai trouvé dans sa voiture. Quand il m'a vue ouvrir le bar, il m'a rejointe… Et il est resté. Petit à petit, il a commencé à m'aider au bar, et de fil en aiguille, nous sommes devenus amis. J'ai toujours eu de la chance, il y a toujours eu quelqu'un pour me rendre service dans ce bar.

Johnny s'est fait une place dans notre famille et vit avec nous jusqu'à présent. C'est juste quelqu'un qui n'a pas eu de chance : il était agent de maîtrise, il avait une femme et des enfants, mais il s'est retrouvé seul du jour au lendemain. Il a été hébergé un moment chez ses parents, mais ces derniers n'ont pas accepté longtemps sa présence. Comme il était marié sous le régime de la communauté des biens, il s'est retrouvé surendetté et a décidé de tout plaquer. C'est comme ça qu'il a atterri au *Bar Pierre*, qui l'a attiré parce que c'était le prénom de son fils. Il continue d'écrire à ses enfants tous les deux jours, et de leur parler, mais c'est auprès de nous qu'il a trouvé une nouvelle famille, qui l'a aidé à refaire surface.

Les gens de notre immeuble se demandent si Johnny est mon concubin, ou même mon mari. Je les laisse parler : nous savons que nous sommes des frère et sœur l'un pour l'autre. Cette amitié a pu poser problème, surtout à mon ami, le père de Nizar. Il était jaloux, bien entendu. Il m'a même demandé de choisir entre Johnny et lui à la naissance de l'enfant : les gens allaient jaser sur sa paternité… Après de grands éclats de voix, Johnny était parti une semaine à l'hôtel. Mais au bout de quelques jours, c'est mon fils Naoufel qui avait parlé à mon ami : Johnny faisait partie de la famille ! Sa place était auprès de nous : qu'importait les qu'en-dira-t-on ?

Mon ami n'a pas accepté la présence de son « rival » à la maison, et nous avons rompu. Ce qui est drôle, c'est que, aujourd'hui, ils se revoient et ils s'adorent ! Maintenant, nous sommes amis, et ça me convient. Je suis très indépendante de caractère, et j'ai pris l'habitude de mener ma barque seule. Seule, avec mon frère Johnny et mes véritables amis : mes enfants.

Mes enfants

J'ai mis au monde six enfants, et chacun porte un prénom dont la signification m'importe beaucoup. J'ai déjà dit que Ghofrane signifiait « le pardon ». Naoufel est le nom d'un guerrier païen qui refusait de se convertir à l'islam. Mais après une victoire remportée par le Prophète, il est parti dans la montagne et s'en est remis à Dieu. Il représente pour moi la foi telle que je la conçois : tout se passe entre Dieu et le croyant, il n'y a pas besoin d'intermédiaire. Chadia veut dire « oiseau chanteur », Iman signifie « la foi », Ahmed est un des noms de notre Prophète. Quant à Nizar, c'est le prénom d'un poète syrien qui a vécu au Liban, Nizar Kabbani, que l'on a surnommé « le poète des femmes » …

Chacun de mes enfants a sa propre personnalité, et c'est notre différence qui fait notre complémentarité.

À la mort de Ghofrane, Naoufel avait vingt et un ans. C'était, et c'est toujours, l'homme de la maison ! Il travaillait comme professeur de capoeira, un art martial brésilien, et venait de créer son association, Capoeira da Rua, avec laquelle ses amis et lui proposaient des démonstrations et faisaient de la prévention auprès de jeunes dans les quartiers sensibles de la ville. Il partageait d'ailleurs cette passion avec Ghofrane, qui avait commencé à prendre des cours en même temps que lui, sept ans auparavant.

Chadia venait d'avoir vingt ans. Sa fille, Inès, était âgée d'à peine deux ans. Elle avait toujours travaillé avec moi dans mes bars. Parfois, elle me remplaçait même au comptoir, pendant que je me reposais. C'était jeune pour avoir une telle responsabilité… La période de son adolescence a été un peu difficile : je travaillais beaucoup et je la voyais peu. Elle a failli sombrer dans la délinquance. Un jour, elle m'a fait une réflexion qui m'a interpellée. Elle m'a dit : « Laisse-moi, et occupe-toi de ton bar ». J'ai compris que c'était un appel au secours. J'ai fermé l'établissement pendant quatre jours, car j'avais besoin de réfléchir : pourquoi m'avait-elle dit cela ? Finalement, nous avons parlé. J'ai essayé de lui faire comprendre que je travaillais pour gagner de l'argent pour nous tous, pour l'avenir de mes enfants. Elle m'a comprise.

Dans chaque famille, il y a une personne un peu plus fragile que les autres. Chez les Haddaoui, c'est Chadia. Elle a beaucoup souffert, surtout lors de sa grossesse. Elle n'en avait pris connaissance que très tard, et me l'a fait savoir plus tard encore... J'étais sur le point d'accoucher de Nizar, et j'ai préféré attendre qu'il soit là pour annoncer la nouvelle à son père et à son frère. Ils l'ont mal pris, mais pour moi il n'y avait aucun doute à avoir : nous devions la soutenir quoi qu'il arrive. Naoufel a quitté la maison et est allé vivre chez un ami. Nous nous sommes revus par hasard, et nous nous sommes réconciliés : il est allé voir Chadia à la clinique, et quand nous en sommes sortis, c'était bras dessus, bras dessous, émerveillés par la jolie petite Inès.

Iman avait dix-huit ans. Après un BEP Secrétariat, elle faisait un stage au conseil régional. Elle travaillait également comme animatrice dans un centre social. Iman est très travailleuse et a participé très jeune aux frais de la maison, ce dont je retire une juste fierté.

Quant aux deux plus jeunes, Ahmed et Nizar, ils avaient respectivement six et deux ans. Leurs grands frères et sœurs se sont beaucoup occupés d'eux, et ils appelaient Ghofrane « Gogo, notre super nounou ».

Avant la mort de Ghofrane, tout était bien organisé : Iman et Chadia étaient rémunérées pour leur travail au bar, Naoufel donnait des cours de capoeira, Ghofrane faisait des ménages. Nous avions au total cinq salaires à la maison, que nous mettions en commun. Un budget était organisé pour toute la famille : tant pour les sorties, tant pour les vêtements, tant pour les vacances, etc. Nous vivions bien, mais d'une manière très réglée. Je n'ai jamais acheté d'articles de luxe pour mes enfants : ils se les sont payés avec leurs premiers salaires. L'argent a une valeur, et j'ai transmis le respect du travail à tous mes enfants.

Il est très difficile d'élever six enfants. Après ma séparation d'avec mon mari, j'ai continué de travailler pour assurer leur subsistance, même si leur père était très proche d'eux et les a toujours gâtés. Je m'étais mis en tête que, désormais, j'étais le chef de famille. Pendant mon absence, je faisais appel à une nounou ou à une jeune fille au pair, et depuis 1999, à Johnny, leur parrain.

Par bonheur, notre famille a toujours beaucoup communiqué. À chaque fois qu'il y a eu des choses importantes à régler, nous nous sommes réunis et nous avons pris les décisions ensemble. Aujourd'hui encore, nous nous écrivons des petits mots, et nous nous envoyons des SMS quand nous ne pouvons pas nous parler. Je pense que c'est notre grande réussite : la confiance est à la base de toutes nos relations. J'ai confiance en mes enfants, tout comme eux ont confiance en moi. Mes enfants ne se cachent jamais de moi. Je suis leur mère, mais je suis aussi leur amie et leur confidente. Je connais tous leurs amis, qui sont les bienvenus à la maison. Chacun est libre, dans une certaine limite : je sais toujours avec qui ils sortent et où, et j'ai toujours un numéro de téléphone en cas de problème. Eux savent aussi tout de moi. Mes enfants n'ont pas peur de leur mère, ils savent qu'ils n'ont aucune raison de me cacher quoi que ce soit. Nous avons des relations saines et franches.

Il y a un seul bémol : mes enfants et Johnny sont très possessifs ! Si je sors avec une amie, je reçois vingt messages dans la soirée… Et tous sont soulagés quand je rentre ! Mais je suis bien avec ma famille : j'ai l'impression que nous nous entendons tellement bien qu'il n'y a pas de place pour un homme dans ma maison, ni dans mon cœur. Parfois, je parle avec eux de ma vie sentimentale. Je leur dis que je suis encore jeune et que je pourrais rendre un homme heureux… Mais aussitôt, six voix me disent « non ! », et je m'incline…

Juste avant que Ghofrane ne meure, j'avais rencontré un homme avec lequel je pensais refaire ma vie, mais j'ai dû rompre avec lui. On ne doit plus rien attendre de moi. Le corps violenté de Ghofrane tel que je l'ai vu à la morgue restera gravé dans ma tête à tout jamais, et sa mémoire accapare mes forces. C'est seule et autonome que j'ai le plus d'énergie : cette force, je me dois de la préserver pour le bien-être de mes enfants. Je me rends disponible pour eux de jour comme de nuit. Parfois, Chadia vient me rejoindre quand elle n'arrive pas à dormir, ou alors c'est

Naoufel qui vient me parler dans la nuit. J'allume la lumière, et je vais faire du café. D'autres fois, c'est tous ensemble que nous discutons d'un sujet politique, ou familial.

De temps en temps, je prends aussi le Coran, et je le lis à mes enfants. Je le leur explique à ma manière. Pour moi, Dieu n'a pas besoin d'intermédiaire sur terre. Il suffit de savoir lire le texte. Mes enfants ont été élevés dans la religion musulmane : ils savent bien que le paradis est sous les pieds de la mère…

Ghofrane

Ghofrane avait une position particulière dans la famille. C'était l'aînée de mes six enfants. Je l'avais eue très jeune, à dix-sept ans. Nous étions partis pour la France, mon mari et moi, un an auparavant. Mais dès que ma grossesse avait été proche du terme, j'étais retournée auprès de ma mère, à Tunis. Je ne connaissais rien à la maternité, car je n'avais grandi qu'avec des frères. J'avais besoin des conseils d'une femme.

Ghofrane est née le 9 février 1981. La tradition veut qu'on fasse une grande fête de baptême le septième jour après la naissance des garçons, mais habituellement, cela ne se fait pas pour les filles. C'est mon père qui s'était chargé de toutes les formalités administratives, et il en avait profité pour organiser une grande fête… en l'honneur de sa petite-fille ! Après la cérémonie, nous étions rentrés en France avec, dans les bras, notre belle petite âgée d'à peine huit jours.

Ghofrane est allée à l'école maternelle dans notre quartier de l'époque, La Belle de Mai. C'est là qu'elle a rencontré Aïcha, et aussi Papou, son grand ami. Elle a été ensuite scolarisée dans une école privée catholique, comme tous mes autres enfants. C'est un choix que nous avions fait. Même s'ils n'assistaient pas aux cours de catéchisme, j'appréciais le fait qu'ils soient scolarisés dans cet établissement. Elle est ensuite entrée au collège à La Belle de Mai, puis elle a passé son BEP Bioservices au lycée Colbert, en 2000.

Ghofrane a donc travaillé très jeune. Elle a eu son premier emploi à Sopronet à l'âge de dix-huit ans. C'est là qu'elle a rencontré son amie Raouda. Comme elle était sérieuse, ses employeurs lui ont rapidement confié des tâches à responsabilité. Elle disposait des clefs des bureaux et des appartements où elle travaillait. Elle était tellement consciencieuse qu'elle dormait toujours avec les trousseaux sous son oreiller, pour être sûre qu'il n'arrive rien aux précieuses clefs ! Car il y avait bien des choses à voler dans les logements du secteur qu'elle avait choisi, les quartiers résidentiels au sud de Marseille. Avec ces clefs, elle serrait aussi un Coran sous son oreiller la nuit. La journée, elle le prenait avec elle pour aller travailler. C'était sa protection. Elle a travaillé deux ans chez Sopronet. Puis elle a passé son CAP Vente. Durant sa formation, elle a été stagiaire chez C&A, les Petites Bombes, Jennyfer, Zeyna et Brad Shop.

Mais la vente ne lui convenait pas complètement. Elle a préféré recommencer une formation d'aide à domicile auprès des personnes âgées. Chaque mois, elle assistait à une semaine de cours, et travaillait les trois autres semaines chez des particuliers, pour l'Arcade. Pour cet emploi, elle s'était choisi un autre prénom, à consonance française. Il faut dire que les gens hésitent toujours un peu quand on se présente avec un prénom arabe, surtout les vieilles personnes... Comme elle n'avait pas un physique très typé, avec ses yeux verts, cela passait. Peu à peu, quand elle a été sûre que les gens l'appréciaient, elle a commencé à avouer son vrai prénom. Les gens se rendent parfois compte qu'ils sont dans l'erreur. Ils changent d'avis avec le temps. En tout cas, cela se passait très bien à l'Arcade, et les personnes qu'elle soignait l'adoraient. Elle devait signer son contrat d'embauche le lundi où elle a agonisé au terrain du Grand Littoral… La direction nous a écrit une magnifique lettre de condoléances, qui nous a beaucoup touchés.

Durant toutes les années où elle a travaillé, Ghofrane a toujours tenu à m'aider dans mes différents établissements. Quand je tenais le *Bar Pierre*, elle venait m'aider à préparer la journée avant de partir au travail. Dès 4 heures du matin, elle m'aidait à sortir les tables de la terrasse et à faire le ménage, puis elle partait à 5 heures avec le sourire aux lèvres. Elle s'était fait des amis parmi les vigiles de la gare, qui venaient la chercher et l'accompagnaient jusqu'au quai, car elle avait peur de se faire agresser dans la gare déserte.

Ghofrane était très organisée, elle classait tous ses papiers consciencieusement. J'ai apporté son dossier tel quel lors d'un entretien avec le juge d'instruction, et la phrase qu'il m'a dite après l'avoir soigneusement examiné m'est restée : « Madame Haddaoui, votre fille n'a pas chômé ! »

Une fleur chez les humains

Ghofrane était une fleur parmi nous. C'était la joie même.

Elle souriait tout le temps et trouvait toujours quelque chose pour remonter le moral de ses amis. Elle riait même tellement que certaines personnes se vexaient ! Mais elle ne se moquait pas, elle était seulement joyeuse. Elle était très généreuse, à l'écoute des gens. Elle mettait les petits plats dans les grands pour recevoir ses amies. Dès qu'elle touchait sa paye, elle nous offrait des cadeaux, à nous, sa famille. Et elle allait au supermarché et remplissait deux chariots de bonnes choses à manger ainsi que de produits d'entretien pour la maison. Elle nous choyait.

J'ai appris que Ghofrane était encore plus généreuse que nous ne pouvions l'imaginer en annonçant sa mort à ma voisine Olga. Cette dernière s'est évanouie en apprenant la nouvelle, et elle a dû être secourue. Durant sa convalescence, elle m'a révélé le secret qu'elle avait avec ma fille. Olga est malade, et elle a des difficultés pour se déplacer. Un jour, Ghofrane l'avait surprise à faire son ménage assise dans son fauteuil. Elles ne s'étaient croisées que quelques fois auparavant, mais cela avait tellement touché Ghofrane qu'elle s'était mise à pleurer et à lui dire : « Tata, ne fais plus jamais ça ! Moi, je peux nettoyer ton appartement en cinq minutes, mais pour toi, c'est tellement difficile ! » Elle avait fait le ménage cette fois-là, et à partir de ce jour, elle l'avait fait régulièrement. Elle lui apportait également des repas, et avait chaque jour un petit mot ou une caresse pour elle. Elle venait aussi se confier auprès d'Olga quand cela n'allait pas très bien, et lui faisait des massages, comme si elle avait été sa propre fille.

Olga a été traumatisée par sa brusque disparition. Quand je me suis étonnée de n'avoir jamais rien remarqué, elle m'a expliqué que c'était un contrat entre elles. Ou plutôt, entre elles et Dieu, comme le disait Ghofrane : les autres n'avaient pas besoin de connaître leur relation. Ce que ma fille faisait pour Olga, elle le faisait de bon cœur, et elle ne voulait ni argent ni contrepartie. La cuisine d'Olga est pleine de notre vaisselle, qu'elle n'a jamais osé restituer du vivant de Ghofrane, de peur de trahir leur secret, et qu'elle ne peut se résoudre à nous rendre maintenant qu'elle n'est plus là. Olga est devenue une sœur pour moi et la marraine de mes enfants, et j'ai pris le relais de ma fille. C'est une manière de lui rendre hommage.

Ghofrane était notre rayon de soleil, et nous la voyions grandie par ses qualités. Elle n'en était pas moins une jeune femme de vingt-trois ans, avec les préoccupations de son âge. Elle était très coquette et elle adorait les vêtements et les parfums. Ghofrane était de manière générale très sensible à l'ordre et à la propreté. On pourrait même dire qu'elle était un peu maniaque. Elle disait qu'elle voulait une maison à elle, mais sans carrelage blanc, parce que c'est trop salissant, et qu'elle aurait toujours été en train de l'astiquer !

Elle aimait aussi sortir avec des copines et aller danser en boîte. Elle avait beaucoup de copines, mais, comme je l'ai déjà dit, seulement deux véritables amies, Aïcha et Raouda. Ghofrane faisait la différence… C'est dans les boîtes « occidentales » qu'elles sortaient entre filles. Mais quand elle avait envie d'aller dans des boîtes « orientales », elle venait chercher un de mes amis, Mahmoud, qui tenait un bar, et c'est lui qui leur servait de guide, à Raouda et elle ! Il les accompagnait toute la soirée, et ne les quittait que lorsqu'elles lui faisaient signe de la main à la fenêtre, pour montrer qu'elles étaient bien rentrées. Cet ami est très affecté par la mort de Ghofrane. Cet été, sa femme et lui ont fait quatre cents kilomètres pour aller sur sa tombe.

Ghofrane en revanche n'aimait pas trop les bars. Elle venait juste m'aider à faire le ménage dans mes établissements et elle mettait aussi des pièces dans le *juke-box* pour écouter des chansons, mais elle n'aurait pas aimé travailler dans un bar. Un soir, je lui avais demandé de me remplacer au comptoir. En rentrant, le fût de bière était vide, et elle m'a dit : « Mais non, regarde, ils n'ont pas consommé, leurs verres sont toujours pleins ! » Les clients s'étaient servis eux-mêmes, et elle n'avait rien vu !

Ghofrane avait commencé la capoeira avec Naoufel dans le quartier de La Belle de Mai, alors qu'il avait quatorze ans et elle seize. Elle était très dynamique, et je l'ai déjà vue battre son frère dans des *rodes*[1] impressionnantes ! C'était sa passion. Ghofrane était en pleine santé : sportive, travailleuse et souriante.

Si Ghofrane était ma fille, elle était bien plus qu'une sœur pour les plus jeunes de mes enfants. Je peux dire qu'elle les a élevés, qu'elle les a soignés. Ghofrane était la seconde maman de mes enfants. À la maison, c'est elle qui gérait les affaires courantes, l'argent, tout ce qui avait trait à l'administration, bien qu'elle n'ait jamais été obligée de le faire, puisqu'il y avait toujours un adulte à leurs côtés. Elle était très ordonnée et me reprochait mon manque d'organisation ! C'était mon bras droit, en quelque sorte.

Ghofrane était, vous l'avez compris, plus qu'une fille pour moi. C'était une véritable complice. Elle disait parfois qu'elle n'aurait pas d'enfants, que d'avoir élevé les miens lui suffisait. Puis elle chantait la chanson *Céline*, d'Hugues Aufray, dans laquelle un homme s'adresse à sa sœur qui a vieilli sans fonder de famille. Après mes enfants, elle parlait d'élever mes petits-enfants ! Mais elle ne parlait jamais de sa propre descendance.

Elle s'occupait des petits pendant que j'étais au travail, mais elle s'occupait aussi de moi quand j'étais à la maison. Elle préparait du café le matin, avant mon départ. Et comme je travaillais derrière un comptoir, parfois pendant

1. *Rode* : affrontement spectaculaire de capoeiristes au sein d'un grand cercle à la tête duquel se tiennent des musiciens.

dix-huit heures, elle essayait de me soulager : quand je rentrais du travail, elle m'emmitouflait dans des serviettes qu'elle avait mises à chauffer sur le radiateur et me massait les pieds. Si j'étais fatiguée ou triste, elle m'embrassait et me disait gaiement : « Allez, on boit un bon café ! » Maintenant, le café n'a plus de goût, et j'ai toujours froid. Mes deux filles Iman et Chadia n'osent même pas me masser, de peur de raviver en moi des souvenirs douloureux.

Ghofrane était aussi la complice de son père. Il faisait la vaisselle et le ménage quand c'était au tour de Ghofrane de le faire, exactement comme mon père le faisait avec moi quand j'étais petite ! Quand il est tombé malade, et jusqu'à sa mort, elle l'a soutenu face au cancer qui le rongeait, et elle a dormi auprès de lui toutes les nuits les quatre derniers mois de sa vie, de même que Naoufel. Elle passait la nuit à l'hôpital Sainte-Marguerite et partait pour le travail au petit matin. La journée, c'est Iman qui prenait la relève. Chadia ne pouvait pas se déplacer aussi facilement, parce qu'elle venait d'accoucher, mais elle a tout de même vu son père une fois à l'hôpital. Après sa mort, Ghofrane a passé des jours et des jours à écouter des CD sur lesquels étaient lues des sourates coraniques. Et, même si elle n'était jamais malade, elle était allée faire tous les tests possibles et imaginables à l'annonce de la maladie de son père.

L'ombre de la mort

Je ne peux pas accepter l'assassinat de ma fille. Mais je ne peux pas nier un fait : Ghofrane avait prédit sa mort. Depuis l'âge de cinq ans, elle me répétait qu'elle mourrait très jeune, et cette pensée l'obsédait. Lors du dernier essayage de sa robe de mariée, elle avait pleuré en me disant qu'elle ne pensait pas pouvoir la porter un jour. Elle a même dit à ses frères et sœurs : « Profitez bien de votre nounou d'enfer, bientôt vous ne la verrez plus ». C'était ambigu : on a cru qu'elle parlait de son mariage, mais je suis persuadée qu'elle évoquait sa mort prochaine.

Elle posait sans cesse des questions sur la mort. Elle voulait savoir si les cheveux continuaient de pousser, si on avait de la lumière, si elle aurait un point d'eau dans la tombe pour se laver, comment devenait le corps, si elle communiquerait avec nous. Elle voulait savoir comment était la vie après la mort.

Une semaine avant de mourir, elle avait commencé à faire une chose étrange. Chaque matin, elle avait posé deux tasses sur la table, et elle avait dit boire le café avec son père, décédé un an plus tôt. C'est cette même semaine où, alors qu'elle n'avait jamais fait le ramadan auparavant, elle avait jeûné les trois jours qui avaient précédé sa mort. Moi-même, j'ai fait un rêve bizarre la veille de sa disparition. Le père de mes enfants venait me rendre visite. Il était pressé et avait faim. Une fois dans la cuisine, il m'a dit : « Je viens chercher la grande », puis il a disparu. Il est revenu, et je l'ai chassé. Je pense que Dieu m'a envoyé un message : il voulait me prévenir que l'ange de la mort était dans ma maison.

Une autre chose s'est produite dans mon bar, à La Seyne-sur-Mer. Ghofrane y avait son coin favori, et elle y avait même laissé une veste. Juste au moment où j'allais fermer l'établissement, le dimanche 17 octobre, pendant qu'elle se faisait assassiner, la lampe rouge qui surplombait cet endroit s'est éteinte seule. Ce ne sont bien sûr que des signes, mais pour moi, ils veulent dire beaucoup.

Cette jolie fille, si facile à vivre, si gentille avec tout un chacun, on l'a assassinée dans sa vingt-quatrième année. Et je ne comprends pas pourquoi. Des gens m'ont dit : « C'est l'alcool qui a tué ta fille. Dieu t'a punie, toi qui es musulmane et qui vends de l'alcool. » Je refuse ce discours. Je suis musulmane, mais mon islam est très souple. Et à mon sens, travailler pour nourrir mes six enfants, c'était déjà une prière. Je refuse d'autant plus ces accusations que les mêmes personnes qui les ont formulées stigmatisent l'alcool, mais considèrent que le haschisch est hallal !

La mort d'un enfant ne peut être la punition d'aucune faute : c'est une souffrance bien trop cruelle…

Les funérailles

Ma fille n'aurait pas de mariage, mais elle aurait des funérailles somptueuses. C'était une chose que je lui devais.

À partir de l'annonce de sa mort, nous avons accueilli et nourri six cents personnes chaque soir pendant dix jours. Selon les rites musulmans, nous avons acheté quotidiennement deux agneaux et rassasié nos hôtes, veillant avec eux jusqu'à tard dans la nuit. Les gens que nous recevions étaient des voisins, des amis, des anciens patrons et collègues de Ghofrane. Dans l'appartement, tout le monde pleurait, juifs, chrétiens et musulmans confondus. Les appartements des voisins étaient également ouverts, et on y veillait jusqu'à 4 heures du matin. Des chaises avaient été installées sur les paliers, et les gens venaient nous affirmer leur soutien. Il y avait des personnes des quartiers de La Belle de Mai, du centre-ville et des quartiers nord, dont certaines que nous ne connaissions même pas. Marseille était en état de choc.

Hadja s'occupait avec Chadia de servir de la nourriture, du thé aux uns et aux autres et d'apaiser les personnes les plus émues. Ma famille et moi étions dans une chambre, avec Raouda, Aïcha et Kokina. Iman était sous le choc : elle tremblait comme une feuille, malgré le traitement que lui avaient administré les médecins. De temps en temps, Hadja me forçait à sortir de la pièce où nous étions confinées pour aller jusqu'au salon et voir toutes les personnes qui s'étaient déplacées pour Ghofrane. Quand je refusais, elle s'asseyait auprès de moi et commençait à raconter des histoires afin de détourner notre tristesse. Cette *moujahidda* a vécu sept années de guerre en Algérie et a milité auprès de son mari pendant toute cette période. Nous admirions son courage et sa grande foi en Dieu. Mais le désespoir revenait.

La rage grondait. Sous l'effet de la colère, certaines personnes évoquèrent une expédition punitive. Mais je veillai à tempérer leur haine. Je refusais de me mettre au niveau de ces criminels. Quand on me disait « œil pour œil, dent pour dent » – comme dans la loi du talion –, je répondais que cette loi serait appliquée, mais de manière plus intelligente. Je ne désirais pas la mort physique des tortionnaires de ma fille : je leurs souhaitais une mort morale, lente et pénible. Je leur souhaitais l'emprisonnement dans les plus belles années de leur vie. Cette jeunesse qu'ils avaient ravie à Ghofrane, ils la perdraient eux aussi. J'avais foi en la justice de Dieu, mais également en celle des hommes : j'avais foi en la justice de cette république française qui m'avait adoptée.

Ghofrane avait la double nationalité, française et tunisienne. À la mort de son père, elle avait manifesté le souhait d'être enterrée à ses côtés, en Tunisie, dans le petit cimetière du village de Thala. Elle avait dit après l'enterrement : « Cette place, je veux que vous la gardiez pour moi. » Ses funérailles ont donc eu lieu là-bas. Mais

Ghofrane était également française. Il fallait une cérémonie dans le pays qui l'avait vue grandir. Et il fallait montrer à la France comment meurent ses filles.

Je suis toujours proche de ma fille et je la vois souvent la nuit. Mes rêves me la représentent telle qu'elle est, et elle me parle. Elle me rassure. Mais le matin du samedi 23 octobre, avant qu'on ne parte pour la cérémonie de mise en bière, elle s'est manifestée à moi d'une manière très particulière. À ce moment-là, la police soupçonnait le prévenu n° 1, mais on le désignait comme l'unique personne impliquée dans l'assassinat de Ghofrane. Or moi, je savais qu'il n'était pas le seul à avoir tué ma fille. Et elle-même me l'a confirmé en rêve.

À 5 heures du matin, elle m'est apparue. Elle s'est assise près de moi, dans ma chambre. Elle était belle, comme de son vivant, avec ses longs cheveux noirs et ses yeux malicieux. Elle m'a dit : « Maman, je ne voulais pas partir, ils m'ont forcée à y aller ». Après cela, elle s'est déplacée. Elle arrivait près de la porte quand je l'ai serrée dans mes bras. Alors, elle a pris l'apparence qu'elle avait à la morgue, le crâne rasé et le corps entaillé. Je lui ai demandé de me raconter ce qu'il s'était passé. Elle m'a répondu : « C'est une longue histoire, Maman. Tout ce que je peux te dire, c'est qu'il y avait des filles et des garçons. Ils écoutaient de la musique en me tuant. Je te jure sur le Coran que je n'avais rien fait. Je suis tombée dans un guet-apens. » Et je me suis réveillée…

Seuls les très proches de Ghofrane la veillaient à la morgue depuis le jeudi 21 octobre, de l'ouverture à la fermeture de l'hôpital de la Timone. Mais pour la mise en bière, je voulais une véritable cérémonie. Le consulat de

Tunisie nous a apporté son soutien matériel et nous a ainsi permis de faire à Ghofrane le plus beau des adieux. Les formalités administratives ont également été allégées afin de nous soulager : nous n'avons eu à nous occuper que de l'acte de décès.

Ce matin-là, à 7 heures, six cent cinquante personnes se sont retrouvées à la morgue, des jeunes en majorité. Nous avions acheté quatre cents bougies. Les jeunes filles portaient des bougies blanches, et les jeunes hommes des bougies bleues. Le cercueil devait être scellé à 8 h 30 par le commissaire de police : nous avions donc 1 h 30 pour prier et lui rendre hommage.

Son corps reposait dans un magnifique cercueil blanc, tapissé de soie. Un cercueil de mariée. Elle avait été lavée selon le rite musulman. J'avais tenu à assister aux préparatifs religieux. L'imam avait d'abord refusé, puis avait accepté de relever le voile qui recouvrait sa tête. Olga avait voulu la voir, mais sitôt dans la pièce, elle avait eu un malaise et avait dû être secourue. Kokina est restée avec moi auprès de Ghofrane.

Mon amie Faouzia l'avait maquillée au khôl de la Mecque et parfumée, avec une dame mandatée par le consulat de Tunisie pour la toilette mortuaire. Elle avait appliqué du henné sur ses mains. Moi, pendant ce temps, j'étais restée dans l'autre salle et j'avais récité le Coran avec les autres. J'ai aussi chanté les chansons tunisiennes de la mariée. Dès que je faiblissais, mes amies me poussaient à continuer et je reprenais de plus belle. Parmi les sanglots s'élevaient des youyous. C'était là la cérémonie que je devais à ma fille sacrifiée.

Pendant tout le temps qu'a duré le bain de la mariée, un grand et beau papillon a volé au-dessus de nos têtes. Pour moi, c'est l'âme de Ghofrane qui volait parmi nous.

Puis Faouzia a ouvert la porte et a annoncé : « Je vous amène la mariée. » Les prières allaient commencer. Quelqu'un a alors dit que les juifs et les chrétiens devaient sortir de la salle. J'ai refusé. Je gardais en mémoire une image de mon enfance, où les voisins de ma grand-mère étaient juifs ou maltais d'origine, mais aussi tunisiens que nous : ne parlions-nous pas la même langue, l'arabe ? Un jour, mon père m'avait dit que je ne pourrais pas me marier avec un juif. Je lui avais demandé pourquoi, et il m'avait répondu : « Parce que les juifs sont nos frères : nous avons le même père. Pour nous, il s'appelle Ibrahim, pour eux, Abraham. Tu ne peux tout de même pas épouser ton frère ! » Si mes frères, juifs et chrétiens, étaient exclus, alors moi aussi je sortirais. Toutes les personnes présentes étaient des amis de Ghofrane. Il était hors de question qu'on les empêche d'assister à la prière. L'imam m'a soutenue, et a rappelé que le Prophète avait assisté aux funérailles d'un juif avec dans ses bras une corbeille de jasmin. Il a répété que tous étaient les bienvenus et qu'ensemble nous allions prier pour Ghofrane.

La cérémonie fut tellement émouvante que le commissaire décida de ne sceller le cercueil qu'à 13 h 30. Je lui suis reconnaissante de ces quelques heures durant lesquelles nous avons pu dire à Ghofrane tout l'amour que nous avions pour elle, et je ne le remercierai jamais assez.

Puis il a fallu la quitter. À l'emplacement de la tête se trouvait une vitre, à travers laquelle on pouvait voir le drap de soie qui recouvrait son visage. Le commissaire a saisi une photo de Ghofrane, avec ses grands yeux verts, et l'a posée sur le carreau. Elle était avec nous, belle et vivante. Mais ce geste a beaucoup choqué Ahmed. Seuls mes trois enfants les plus âgés avaient vu le corps de leur sœur, et lui ne comprenait pas pourquoi on l'empêchait de regarder son visage une dernière fois. Il rêve encore d'une Ghofrane à la tête tranchée.

Comme l'enterrement ne devait avoir lieu que la semaine suivante, la mairie a mis à notre disposition une chambre de recueillement. Mais au moment de partir, j'ai paniqué : dans notre douleur, nous avions oublié les fleurs ! Je voulais des fleurs, il était impossible que Ghofrane n'ait pas de fleurs. Elle les a eues : son frère en a commandé par téléphone, et j'ai été soulagée. À ma demande, tout le monde a suivi le corbillard en poussant les youyous de la mariée et en klaxonnant. On m'a remis un code et j'ai pu entrer dans la salle. J'ai immédiatement rempli la pièce de fleurs. Nous avons pu la veiller jusqu'à notre départ pour la Tunisie. Mes enfants et leurs amis se sont relayés auprès de moi pour lui parler et la rassurer. Nous ne voulions pas l'abandonner. Le véritable combat ne faisait que commencer.

La bière a été acheminée jusqu'à Tunis sur un vol de *Tunis Air*, affrété par les soins du consulat de Tunisie. L'enterrement devait avoir lieu le vendredi 29 octobre. Nous sommes très nombreux à avoir quitté Marseille pour y assister : ma famille, et mes amis bien entendu, mais également les amis capoeiristes de Naoufel et Ghofrane – Hakim, Bruno, Chokri, Aïcha – et de nombreux copains de mes enfants. Nous sommes arrivés à Tunis à midi par le vol d'Air France, et le cercueil à 13 h 30. Mes enfants ont déposé les bagages chez mes parents. Mon père et moi sommes restés à l'aéroport pour remplir les formalités administratives relatives au cercueil, tandis qu'ils partaient pour Thala. Le gouvernement tunisien avait mis à notre disposition une ambulance et un chauffeur pour le transport du corps.

J'avais apporté de Marseille deux chariots emplis de fleurs. Le ramadan suivait son cours et tout le monde faisait le carême. Cependant, moi, je fumais. Mon père m'a dit : « Monia, tu dois aimer Dieu plus que ta fille. » Je lui ai répondu que j'aimais Ghofrane plus que tout. J'avais déclaré la guerre à Dieu. Ma vie avait été très dure, depuis que j'étais en France. J'avais travaillé et veillé à bien élever mes enfants, mais Dieu ne m'avait pas fait de remise de peine pour bonne conduite… Il avait voulu m'arracher ma fille le 18 octobre 2004.

Nous sommes partis pour le village. Notre cortège se composait de dix voitures : mes amis, mes camarades de classe, ma famille nous accompagnaient. Nous savions que des difficultés nous attendaient, parce que les oncles de Ghofrane refuseraient qu'on enterre un corps lapidé. Dans leur esprit, une femme lapidée étant forcément une pécheresse, ils refuseraient d'abriter chez eux la dépouille d'une coupable.

Nous sommes arrivés à Thala à 22 h 30. Il pleuvait. Ma famille nous attendait avec des fleurs : des cousins, des cousines, des tantes, mais pas d'oncles... J'ai dit aux gens qui s'opposaient à l'enterrement qu'on n'attendrait pas leur accord pour procéder à la cérémonie. S'ils ne désiraient pas voir Ghofrane, qu'à cela ne tienne : elle non plus ne souhaitait pas les voir. Nous allions l'aider à retrouver son père le plus rapidement possible, qu'ils le veuillent ou non.

Mon père, Naoufel, Bruno, Hakim – des amis de Ghofrane –, notre cousin Jamel, Sabah et les hommes de ma famille sont entrés dans la mosquée. De nombreux cousins avaient fait le voyage depuis leur lieu de résidence, Belgique ou Finlande. Lorsqu'ils sont sortis, la pluie avait cessé. Dieu avait décidé de nous accorder quelques heures d'accalmie. Les hommes ont pris le cercueil et ont marché trente minutes de la mosquée au cimetière en disant « *Ya rahmen ! Ya rahmen !* », ce qui signifie « miséricorde ». Pendant ce temps, nous, les femmes, regardions l'enterrement de loin. Et ce que nous voyions était très impressionnant. Tout le village était derrière le cercueil avec des torches ; tout le monde suivait le cortège de la mariée. Tout le village, sauf les oncles. Mais les jeunes hommes étaient présents, malgré le refus de leurs pères.

Ghofrane a été enterrée à 23 h 15. La nuit était claire, et sa tombe était illuminée. Cela tenait du miracle. J'y ai vu un signe : pour moi, Dieu était heureux d'avoir Ghofrane auprès de lui. L'imam m'a dit qu'elle irait au paradis : il y avait tellement de signes ! Elle était morte en martyre le quatrième jour du ramadan, et elle était enterrée le quinzième jour du ramadan, dans ces conditions si spéciales. Nous avons recouvert la tombe de fleurs puis laissé Ghofrane retrouver son père : ils avaient tant de choses à se raconter !

Nous sommes repartis pour Tunis dans la nuit, et sommes arrivés à destination vers 6 heures du matin. Ma belle-sœur Fatma nous a ouvert sa maison le temps de notre séjour, défiant ainsi les hommes de la famille. Cette nuit-là, c'est également elle qui nous a accueillis. Nous avons partagé un grand repas tous ensemble. La nuit fut très éprouvante. Je ne voulais pas qu'on pleure Ghofrane : c'était la mariée. On ne pleure pas une mariée ! Ma demande a été respectée. Après le repas, j'ai réuni mes enfants dans une pièce, avec ma mère et ma belle-sœur. On y a bu du café et fumé des cigarettes, pour veiller Ghofrane, une fois de plus. Durant tout notre séjour, mes cousins et cousines ont été à nos côtés.

Même aujourd'hui, je sais que les hommes du village n'ont pas accepté l'inhumation du corps de Ghofrane. Naoufel s'est rendu en Tunisie et a constaté qu'un des oncles avait mis des graines et de l'eau sur la tombe de son père, mais pas sur celle de sa sœur. Cela nous attriste de savoir que personne ne s'occupe du monument. Nous essayons de nous y rendre régulièrement mais, entre-temps, nous avons dû charger une personne d'entretenir le tombeau.

Nous sommes restés dix jours en Tunisie, où nous avons effectué tous les rites religieux consécutifs à l'enterrement. Pendant tout le séjour, les gens m'ont acceptée telle que j'étais, c'est-à-dire sans me reprocher le fait que je ne fasse pas le ramadan. Après la mort de Ghofrane, cela m'était complètement impossible.

J'ai parlé du meurtre horrible de Ghofrane à beaucoup de monde là-bas. À des adultes et à des jeunes. Ils n'en revenaient pas : une lapidation en France ! Le grand pays des droits de l'homme ! Les esprits étaient choqués. En Tunisie également, la femme est très protégée juridiquement. Le mariage religieux pur n'est pas valide sans acte de la mairie, et la polygamie est exclue du Code de la famille. Lors d'un divorce, c'est la femme qui hérite de la maison, et si un homme bat sa femme, il est passible de trois mois de prison minimum… Ce que je racontais aux gens leur paraissait inimaginable.

À mon retour de Tunis, j'ai envoyé au président tunisien, M. Ben Ali, une lettre dans laquelle je décrivais le meurtre de Ghofrane. La réponse ne s'est pas fait attendre : j'ai rencontré le consul de Tunisie très rapidement et j'ai transmis tout le dossier au ministère des Affaires étrangères. Je les remercie du fond du cœur pour leur sollicitude et leur compassion. Mon pays me soutenait et il fallait que le monde entier soit au courant de la barbarie qu'avait subie Ghofrane, pour que filles et garçons puissent à nouveau se permettre de circuler en paix, sans craindre les agressions. Car si une chose m'a frappée en Tunisie, c'est bien la sécurité qui y règne, même pour les femmes, même la nuit, dans les cafés et les restaurants. Nous sortions vers 23 heures, le soir, les rues étaient très animées. Les amis capoeiristes de Naoufel, Aïcha et Kokina ont été très étonnés de la modernité évidente de ce pays. Nous n'avons pas vu un seul enfant traîner dans la rue. Cela nous a surpris : c'était si différent de Marseille !

Élucider le mystère

Nous sommes rentrés à Marseille le 8 novembre à 14 heures. Pendant tout mon séjour en Tunisie, j'avais été en contact avec le commandant chargé de l'enquête de police et avec mes indicateurs, car je menais déjà mon enquête. Le « téléphone arabe » instauré dans les quartiers avait fonctionné...

La première question qui m'avait taraudée était celle-là : qui pouvait bien avoir tué Ghofrane avec autant de haine ? J'ai pensé à son fiancé. La haine est souvent la face obscure de l'amour. Son fiancé était la dernière personne qui l'avait vue, la veille au soir, avant qu'elle ne disparaisse à jamais.

B* était son fiancé depuis trois mois. Il avait vingt-sept ans. Ils s'étaient rencontrés au *Collin's Bar* sur le Vieux-Port, où elle allait tous les jours avec Aïcha. Au début, elles ne lui avaient pas donné leurs vrais prénoms : Aïcha était

« Maïssa », et Ghofrane « Sarah ». Du fait de ce quiproquo, j'avais croisé un jour un jeune homme qui avait l'air perdu en bas de l'escalier, et qui m'avait demandé si je connaissais une Sarah habitant dans l'immeuble… J'avais répondu non, sans savoir qu'il parlait de ma propre fille ! Je ne l'ai reconnu que plus tard, quand il a assisté à l'inauguration de mon bar à La Seyne-sur-Mer, en août 2004.

Ghofrane et lui avaient décidé assez rapidement de se marier. Je n'ai jamais vraiment apprécié ce garçon, mais j'avais choisi de ne rien en dire à ma fille. Ghofrane avait déjà été fiancée à deux hommes, la première fois en 1999, la deuxième fois en 2002. Mais elle avait rompu avec les prétendants à chaque fois, juste avant les noces, après une année entière de préparatifs, après nous avoir ruinés, la famille du futur marié et nous !… Elle allait à la mairie, et en ramenait l'annulation des bans. Ensuite, elle venait me voir en me disant : « Maman, j'ai quelque chose à te montrer. » Moi, à ce stade, je ne pouvais plus que pleurer !

Ses fiancés avaient toujours un défaut qui lui paraissait insupportable. Elle disait pour plaisanter : « Moi, je vais faire trois mariages et un enterrement ». Elle se comparait aussi à Julia Roberts dans le film *Runaway bride* (*Just married*), où la fiancée s'enfuit à la veille de la cérémonie… Je préférais ne pas lui parler de mes sentiments, de peur de l'influencer, mais je n'étais pas rassurée. Je savais que B* n'avait pas de papiers, et j'avais peur qu'il utilise ma fille pour régulariser sa situation.

Leur décision m'avait paru un peu rapide. Ghofrane et B* avaient loué un appartement qu'ils avaient déjà commencé à meubler, bien que n'habitant pas encore ensemble. Durant leur relation, je n'ai jamais rencontré sa famille, qui vivait en Algérie. Et comme je ne connaissais même pas son nom...

Ghofrane a été amoureuse de son fiancé mais, les deux dernières semaines, elle avait fait part à ses amies, à ses sœurs et à Johnny de craintes à son sujet. Trois mois, c'était court… Mais il avait déjà pris de la place dans sa vie : il ne voulait plus qu'elle sorte en boîte, ni qu'elle fréquente ses amies… Je voyais tout cela d'un mauvais œil, moi qui ai toujours milité en faveur de la liberté ! Je pense que, en réalité, elle comptait agir comme elle l'avait fait avec les autres, c'est-à-dire annuler le mariage à la dernière minute… Elle avait fait beaucoup d'achats, mais elle avait également dit à plusieurs personnes qu'il était violent et qu'il lui faisait peur… Qu'elle n'avait plus très envie de s'engager avec lui.

À dire vrai, l'amour de sa vie n'était pas l'un de ses fiancés, c'était Papou… Tous deux se connaissaient depuis l'enfance, ils s'étaient toujours aimés, mais moi j'avais refusé qu'elle l'épouse, parce qu'il était trop instable. Je ne sais pas s'il a déjà passé une année sans aller en prison depuis sa majorité ! En 2002, il avait trouvé un travail, et il était venu me voir en m'annonçant que, à présent, il était sérieux, et qu'il voulait Ghofrane pour épouse. Je lui avais dit que je serais d'accord dès qu'il m'aurait montré trois bulletins de salaire. Deux semaines plus tard, il était de nouveau en prison !

Ghofrane l'aimait, mais elle voulait avoir ma bénédiction pour l'épouser. Elle savait que je ne lui refusais ce bonheur que pour son bien. Et même si elle l'adorait, elle m'écoutait quand je lui disais qu'elle passerait sa vie à lui repasser des vêtements et à aller le voir au parloir chaque semaine. Je crois que c'est pour cela qu'elle a rompu toutes ses fiançailles : elle ne pouvait pas se résoudre à épouser un autre homme.

Les auditions de la police ont innocenté B*. Il avait un alibi : son oncle a affirmé avoir passé la soirée avec lui dans un café le dimanche. Le lundi, il travaillait.

Mais son comportement avec nous depuis la mort de Ghofrane me déplaît. D'abord parce que nous avons essayé de le contacter dès la visite des policiers, sans parvenir à le joindre : son téléphone était coupé. Nous n'avons eu de ses nouvelles que le jeudi 21 octobre, soit quatre jours après qu'il a vu Ghofrane pour la dernière fois. En sachant que le portable de ma fille ne répondait pas, on peut imaginer que le temps a dû paraître bien long à ce futur marié, qui l'appelait tous les jours et qui, tous les soirs, sur les coups de 20 heures, venait après son travail sonner trois fois à la porte. À ce signe de reconnaissance, Ghofrane descendait le rejoindre pour boire un verre et discuter, soit au *Collin's Bar*, soit au *snack* juste en bas de notre immeuble. Il n'est venu nous contacter que parce que son patron lui a dit qu'il ferait mieux de ne pas attendre que ce soit la police qui vienne le chercher.

Ensuite, parce que, s'il est allé à la morgue – tout en refusant de la voir –, il n'a pas assisté à la cérémonie de mise en bière. Je ne comprends pas pourquoi il n'a pas voulu dire adieu à sa promise. De même, après la morgue, il est venu chez nous. Il « désirait nous rendre une peluche que Ghofrane lui avait offerte ». Mon fils lui a fait remarquer qu'il nous rendait une peluche, mais pas tout ce que Ghofrane avait acheté en prévision de leur vie commune et qui avait de la valeur, ni le collier en or « grains de café » qu'elle lui avait offert il y a peu. D'ailleurs, pourquoi voulait-il nous « rendre » un présent fait par sa fiancée ? Moi je sais que, au contraire, j'aurais gardé jalousement chaque objet touché par la femme que j'aimais, si j'avais été à sa place.

Enfin, parce que c'est la dernière personne à avoir vu Ghofrane vivante : quand elle était redescendue après l'appel téléphonique des filles, il l'avait croisée en bas de l'immeuble. Après leur discussion, selon lui, elle se serait éloignée, puis serait revenue sur ses pas en disant, les larmes aux yeux : « Tu me fais trop peur », avant de repartir. Tout cela me semble bien étrange

Il m'est aujourd'hui difficile de voir cet homme, et d'ailleurs lui non plus n'y parvient pas. Quand on se rencontre par hasard, il garde toujours ses lunettes noires. J'ai trouvé, et je continue de trouver, son comportement anormal. Je pense qu'il sait des choses sur le meurtre de ma fille. Mais il ne s'agit que de mon enquête personnelle et c'est peut-être du procès que sortira la vérité...

Au plus près des témoins... et des criminels

Dès l'annonce de la mort de Ghofrane, malgré la douleur, mes enfants, Kokina, Aïcha et moi avons concentré nos forces et, depuis ce jour, nous avons poursuivi un seul et unique but : trouver les meurtriers, pour que justice soit faite.

Le soir même du mercredi 20 octobre, notre souffrance s'était muée en rage de savoir. J'ai réuni « mon équipe ». Nous avions des relais dans tout Marseille : les amis et connaissances de mes enfants sensibilisaient toujours plus de monde. Au total, ils étaient plus de trois cents jeunes, de toutes les origines et de toutes les religions.

En tant que « commandante » de cette enquête, je voulais auprès de moi des adjoints courageux : Naoufel, Aïcha et Kokina étaient toujours à mes côtés. Cette dernière a même fermé son bar pour pouvoir être disponible et nous aider à mener notre enquête. Iman mobilisait le plus grand nombre de jeunes dans tous les quartiers, surtout à La Belle de Mai et dans les quartiers nord, avec l'aide de jeunes policiers qui se sont alliés à notre action à titre personnel. Chadia étant très perturbée, elle restait à la maison et continuait de s'occuper de nos hôtes. Peu à peu, nous avions installé le « téléphone arabe » dans tous les quartiers de la ville...

Mon fils et moi sommes descendus dans la rue le premier soir, une fois la nuit tombée. Nous voulions y glaner des renseignements auprès des jeunes qui errent dans le quartier du Centre Bourse. Il y a, en plein centre de Marseille, une faune inimaginable : des mineurs, filles et garçons, qui vivent de vols à la tire, de braquages, d'agressions aux guichets des banques ; des petits délinquants qui ne connaissent que la rue et sa violence. Derrière ces mineurs, il y a des majeurs, bien entendu. Mais ce sont des adolescents de plus en plus jeunes qui hantent le centre-ville, de jour comme de nuit.

Marseille a beaucoup changé. Avant, les gens sortaient : l'opéra, les théâtres, les cinémas affichaient complet, et La Belle de Mai était très animée. Mais maintenant, les commerçants du Vieux-Port se plaignent. Ils payent des loyers exorbitants et, l'un après l'autre se voient forcés de déposer le bilan : les gens n'osent plus sortir, à cause des nombreuses agressions ! Il y a toujours eu un « milieu » à Marseille, mais les exactions n'excédaient pas les conflits de bandes. On ne s'attaquait pas aux vieillards, ni aux femmes, ni aux touristes. Les criminels étaient des « messieurs ».

Un dicton tunisien dit : « Les petites mains qu'on n'occupe pas font des bêtises. » Si un enfant est laissé à lui-même, la rue se charge de lui. La rue, c'est-à-dire l'alcool, la drogue, la prostitution et la violence.

Comme nous savions que la plupart de ces jeunes – nous les voyions tous les jours en bas de chez nous à quémander une cigarette, un euro ou un sandwich, mais aussi à guetter leurs prochaines victimes aux distributeurs automatiques – avaient des attaches dans les quartiers nord, près de l'endroit où Ghofrane avait été assassinée, nous avons tenté de nous rapprocher d'eux.

Mais enquêter dans la rue est très difficile. La seule loi qui y ait cours est la loi du silence, et il a fallu résister et ruser pour la briser. La rue n'aime pas les questions trop précises.

Nous avons passé des nuits entières dans la rue. J'allais travailler à La Seyne-sur-Mer, puis je rentrais à Marseille et rejoignais « mon équipe » en bas des immeubles. Certains jeunes compatissaient vraiment à notre douleur, mais d'autres nous crachaient à la figure ou nous insultaient, et certains ne voulaient même pas nous adresser la parole. Le contact a été difficile à instaurer. Puis des liens se sont créés : nous les accompagnions, et ils acceptaient de discuter avec nous tout en continuant de rouler leurs joints. Certains me proposaient parfois : « Vous voulez une taffe, madame ? » Je refusais gentiment… Comme nous les suivions depuis un certain temps, ils avaient pu constater que nous n'étions pas là pour les dénoncer, mais pour les faire collaborer.

Nous avons vite soupçonné que les assassins de ma fille faisaient partie de ces jeunes. À longueur de soirée, ils nous narguaient, mais nous les suivions, de peur que des témoins potentiels ne disparaissent. Craignant que leurs méfaits ne les fassent arrêter par la police, je les protégeais à ma manière. Ils ont fini par m'appeler « Tata ».

Je savais qu'il était important d'être omniprésente dans leur quotidien. J'étais devenue leur cauchemar. La nuit, je leur parlais, et le jour je m'installais à l'arrêt de bus avec une photo de Ghofrane sur les genoux. Il leur était impossible d'ignorer le meurtre de ma fille et de se comporter comme si de rien n'était.

Mon fils et moi avions élaboré une stratégie. Je parlerais aux garçons, en touchant la fibre filiale en eux et en évoquant leur mère et leurs sœurs ; lui aborderait les filles et leur ferait du charme pour parvenir à apprendre le maximum de choses...

Cette tactique a porté ses fruits : nous avons pris des renseignements chacun de notre côté. Pendant ce temps, Kokina patrouillait en voiture et tentait d'avoir des informations. Mes filles Chadia et Iman avançaient elles aussi sur leur terrain d'action. J'avais pour me seconder une équipe courageuse et motivée.

J'ai tenté de sensibiliser les garçons en usant de tous les arguments. Imaginer leur sœur lapidée les a révoltés. Les culpabiliser d'avoir ma mort sur la conscience du fait de leur silence a également produit son effet : au bout d'un moment, ils ont commencé à demander de mes nouvelles à mes enfants quand je n'étais pas dans la rue. Mais les menacer d'inculpation pour non-dénonciation du crime a sûrement été un argument décisif.

Je suis également allée aux quartiers nord avec Kokina. Assommée par les antidépresseurs, je m'y suis rendue de nombreux soirs, en pyjama et avec un chapeau sur la tête. Nous sommes restées des heures et des heures au bas des tours, à fumer et à alimenter les discussions. Je voulais apprendre des choses. Peu à peu, les jeunes se sont rangés de mon côté. J'ai rencontré des personnes formidables, des jeunes éduqués et travailleurs. Il ne faut pas croire que tous les jeunes de quartiers sont des criminels ! Ils m'ont parlé de leur souffrance : comme les gens ont tendance à faire un amalgame, ces jeunes-là se sentent rejetés. Les bons payent de leur réputation les abus des crapules. Plusieurs filles ont d'ailleurs assisté à la mise en bière de Ghofrane. J'ai même réussi à toucher le cœur des petits délinquants qui faisaient leur commerce illégal au bas des immeubles. Toutes les cités étaient solidaires avec moi.

Parallèlement, l'équipe d'Iman continuait de sillonner le quartier de La Belle de Mai. Chadia recevait des appels et notait des adresses. Nous nous retrouvions pour partager nos informations. Une des amies d'Iman s'était liée avec une fille qui fréquentait l'un des garçons impliqués dans le meurtre de Ghofrane, et elle lui tirait les vers du nez sans que l'autre sache qu'elle nous aidait à retrouver la trace des assassins. Finalement, elle a retrouvé un témoin et cinq filles sont entrées en relation avec mon fils. Elles lui ont demandé en manière de plaisanterie ce qu'elles auraient en échange de leur témoignage... Mais mon fils n'avait aucune envie de détourner des mineures ! Il leur a fait comprendre que, en nous aidant, elles s'aidaient elles-mêmes, car elles n'étaient pas à l'abri d'un tel assassinat tant que les meurtriers seraient dehors. Et elles ont vite saisi la chance qu'on leur donnait de soulager leur conscience. D'autres garçons auraient voulu nous aider, mais la police avait dressé des mandats d'arrêt contre eux et ils avaient peur d'être arrêtés s'ils témoignaient...

De leur côté, les filles rencontraient aussi certains problèmes. Elles voulaient parler, mais ne pouvaient pas le faire. Il fallait les sécuriser. Trois d'entre elles vivaient dans la rue et craignaient les représailles. Nous les avons accompagnées jusqu'à ce qu'elles témoignent.

Sur les traces d'un suspect

J'ai mené un travail de longue haleine tout au long de cette enquête. Elle s'est révélée efficace bien avant l'audition officielle des témoins.

La nuit du mercredi 20 octobre, une fille avait désiré me parler seule à seule, mais je l'ai rencontrée avec mon fils. Elle avait été rackettée et menacée par un jeune homme dont elle m'a donné le prénom, et que j'appellerai le prévenu n° 1. Elle m'a dit que c'était ce même garçon qui avait tué ma fille. Il avait selon elle quatre complices, deux filles et deux garçons. Cette fille vivait dans la rue. Je lui ai demandé de venir témoigner le lendemain, mais elle n'est pas venue. Elle n'a jamais été auditionnée. Si nous avions perdu un témoin, nous avions désormais un prénom. Et une confirmation : Ghofrane avait bien été assassinée par plusieurs personnes.

Le lendemain, jeudi 21 octobre, quand nous nous sommes rendus au commissariat pour les démarches de mise en bière, nous avons donné ce prénom aux policiers. Cela ne les a pas surpris : ils l'avaient déjà identifié comme suspect numéro un.

Cette personne avait dérobé le portable de Ghofrane, et l'avait utilisé en glissant sa puce dans l'appareil. Il n'avait pas été difficile de le retrouver. Mineur récidiviste – il avait alors dix-sept ans, onze mois et trois semaines, suivi par une juge pour enfants, il était déjà connu des services de police. On nous a montré sa photographie dans le bureau du commissaire. C'était un garçon que nous côtoyions tous les jours, en bas de notre immeuble, l'un de ces mineurs en déroute qui sèment la panique aux alentours du Centre Bourse. Nous montrer ce portrait était, surtout pour mes enfants, une exhortation à la vengeance et au meurtre. Mais le commandant savait que nous ne ferions pas de bêtises : nous étions pacifistes et tenions trop à la liberté pour la compromettre par un acte irréfléchi. La confiance régnait entre la police et nous.

« Mme Haddaoui, vous vivez en république française : respectez-la »

On nous a affirmé qu'il était impossible d'arrêter le prévenu n° 1 « seulement pour vol de portable ». Il n'avait pas avoué. De plus, la police pensait qu'il s'agissait peut-être d'une affaire de drogue et voulait se ménager un moyen de remonter la filière. Mais moi, qui connaissais bien ma fille, je savais que le mobile du meurtre était tout autre. Cela a d'ailleurs été établi très rapidement : sur le compte bancaire de Ghofrane, on n'avait retrouvé que... 1,87 euro ! Elle avait l'habitude de retirer toute sa paie dès son versement et de garder le liquide à la maison, dans le budget familial. 1,87 euros, ce ne pouvait être là le magot d'une *dealeuse* !

Et pendant ce temps, les assassins de Ghofrane déambulaient dans Marseille en toute liberté... La veille de la mise en bière, le vendredi 22 octobre, Naoufel a traversé une difficile épreuve. Il sortait de sa salle de sport, située dans une rue piétonne du centre de Marseille : depuis la mort de sa sœur, il y mettait toute son énergie, le jour, et la nuit, il enquêtait à mes côtés. Mais soudain, il s'est trouvé nez à nez avec lui, le prévenu n° 1, que nous tenions pour le meurtrier de sa sœur ! Mon fils est professeur de capoeira : le calme et la maîtrise font partie de l'enseignement qu'il transmet à ses élèves. Mais cette situation était tout de même extrêmement troublante. Ce garçon était face à lui avec le portable de Ghofrane à la main. Deux amis l'accompagnaient. Et si ces deux garçons étaient ses complices ? Nous sûmes par la suite que tel était probablement le cas.

Le commissariat nous avait donné un numéro où téléphoner en cas d'urgence. Naoufel a appelé la police avec son téléphone portable pour dire qu'il était sur le point de tuer quelqu'un. Le commandant m'a prévenue immédiatement. Il m'a rappelé que nous vivions en France et qu'il fallait respecter les valeurs de la république. Que mon fils devait se maîtriser. Bien entendu, je ne souhaitais qu'une chose : que Naoufel laisse cette petite ordure. Ma fille assassinée et mon fils emprisonné ? Comment aurais-je pu accepter une chose pareille ?

Autour de moi, dans l'appartement, des centaines de personnes criaient : « Qu'on nous l'amène ! Nous allons venger Ghofrane ! » Son fiancé m'a dit qu'il allait le tuer, puis partir pour l'Algérie, où il ne serait pas poursuivi... Hadja m'a porté secours : elle s'est rangée à mes côtés pour leur dire à tous qu'il ne fallait rien faire. Elle était d'accord avec moi : seuls Dieu et la justice vengeraient Ghofrane. Nous n'avions pas à nous en mêler.

Je me suis enfermée dans ma chambre avec Kokina et Hadja. J'ai rappelé Naoufel en le suppliant. Je parlais, parlais... Je lui disais : « Rentre, mon chéri, j'ai besoin de toi. C'est toi qui porteras le cercueil de Ghofrane. C'est toi qui l'enterreras aux côtés de votre père. Tu es mon seul homme, mon guide et ma lumière : rentre... » Hadja a pris l'appareil. Elle lui a dit : « Mon fils, souffle un bon cœur. Reviens : Dieu est seul juge. Reviens, tu dois aider ta mère. Le chemin est encore long, et ta maman est seule. Reviens. »

Nos paroles l'ont touché. Il a laissé partir le prévenu n° 1. Je l'ai rejoint alors qu'il traversait la Canebière. Nous nous sommes enlacés au milieu de la chaussée, provoquant les klaxons des véhicules surpris. Il s'en voulait, il pensait avoir été lâche. Je lui ai répondu que, au contraire, il avait fait la chose la plus courageuse de sa vie. Que la meilleure façon de venger sa sœur était de réussir nos vies pendant que l'assassin croupirait en prison. Qu'il aurait une femme, des enfants – une petite fille qu'il appellerait Ghofrane, un métier, alors que l'autre serait enfermé dans sa petite cellule. Ce soir-là, il s'est endormi dans mes bras.

Mes enfants ont maintenant de la haine en eux. Je m'efforce de leur faire comprendre qu'il ne faut pas haïr les meurtriers de Ghofrane, mais les mépriser. Les ignorer. Ils ne méritent pas qu'on les haïsse. Mais leurs cœurs blessés n'entendent que difficilement les messages de paix. Mon fils a un ami dont le frère a été poignardé par des jeunes qui lui ont volé sa voiture. Suite à toutes ces expériences douloureuses, il a en lui de la colère et il ne supporte plus le voisinage des petites crapules du centre-ville. Mais n'oublions pas que, pour quelques voyous, il y a beaucoup de jeunes gens sérieux, travailleurs et sportifs : il ne faut pas les faire plonger en mettant tout le monde dans le même sac.

Le soir même, j'appelai le commandant. Il était encore dans son bureau, à minuit... Ainsi, lui aussi avait la rage de connaître la vérité. Nos rapports étaient excellents et j'avais toujours eu confiance en lui, mais ce soir-là, j'étais furieuse. Je criais : « Mais qu'attendez-vous pour l'arrêter ? Ma fille a été assassinée et, si ça continue, mon fils finira en prison ! » Lui me répondait de le laisser faire. Nous nous sommes vraiment énervés, puis nous avons raccroché brutalement. Le commandant m'a rappelée. Il m'a dit : « Mme Haddaoui, reprenons nos esprits. Votre fils a respecté les valeurs de la république française, et je suis très fier de lui. Maintenant, laissez-moi travailler sereinement. » Nous nous sommes quittés, apaisés.

J'ai su plus tard que c'était par stratégie qu'il agissait de la sorte ; j'ai immédiatement reconnu qu'il avait eu raison de ne pas arrêter le suspect encore mineur et d'attendre sa majorité. Le commandant agissait intelligemment, mais nous étions trop blessés pour le comprendre…

Les deux enquêtes parallèles avançaient : d'un côté, celle de la police, prudente et rationnelle ; de l'autre, la mienne, l'enquête d'une mère guidée par ses intuitions. Car je savais certaines choses que la police ne pouvait pas savoir : Ghofrane étant mon enfant, je la connaissais parfaitement. Et nos liens restaient très forts, même au-delà de la mort.

Si j'ai appris beaucoup de choses dans la rue, c'est aussi le bon sens qui a nourri mes recherches et m'a amenée à penser qu'une telle lapidation, à l'évidence, ne peut se pratiquer qu'en groupe. Tout dans le rapport d'autopsie tend à montrer que Ghofrane ne peut avoir été tuée par un seul homme, car autrement son visage aurait été touché par les projectiles. Et enfin, il y a eu ce rêve que j'avais fait. Mais malheureusement, le Code pénal ne tient pas compte des rêves. Ni de la rumeur, qui n'est pas un motif d'arrestation, même si parfois elle s'avère juste…

L'ambiguïté des médias

Dans ce genre d'affaires, il ne faut jamais imaginer pouvoir progresser sans le concours des médias. Si faire connaître à la France entière l'horreur du crime était l'un de mes souhaits les plus chers, je n'imaginais pas qu'un article puisse se retourner contre nous, les victimes.

Dès le jeudi 21 octobre, lendemain de la découverte du crime, *La Provence* a publié un article dans lequel un journaliste affirmait que Ghofrane était « une jeune fille tunisienne » connue des services de police pour « violences et outrages ». Mon sang n'a fait qu'un tour : tout d'abord, Ghofrane était aussi française que tunisienne, puisqu'elle avait la double nationalité. Et surtout, l'accusation portée était fausse !

J'ai écrit une lettre avec l'aide de Dominique, le juriste du Savu, et je l'ai envoyée sur le champ en recommandé au directeur du journal. Il fallait démentir les propos du journaliste. Dans cette lettre, je lui disais tout le respect que j'avais de son métier qui est noble. Mais le journal avait commis une injustice. C'était terrible, parce qu'on pouvait déduire de cet article que Ghofrane n'avait eu que ce qu'elle méritait. À les lire, ce n'était qu'une petite délinquante parmi les crapules, et elle aurait été punie par son milieu… alors que Ghofrane n'avait eu dans sa vie que deux altercations, avec des filles qui voulaient voler les bijoux de ses sœurs. Elle les avait simplement défendues. Ce n'était là ni « violences » ni « outrages » ! D'ailleurs, son casier judiciaire était vierge. Si *La Provence* ne réhabilitait pas Ghofrane, je projetais d'attaquer le journal pour diffamation.

Mme Capel, la directrice de l'école élémentaire où mon fils Ahmed était scolarisé, scandalisée par l'indécence de l'article paru, a fait tout son possible pour nous aider à rétablir la vérité. Elle a tenté de toucher toutes les familles des élèves de l'école et a appelé *La Provence*, ainsi que les journaux gratuits de Marseille, pour témoigner des bonnes mœurs de Ghofrane. Mais on lui a raccroché au nez…

Le lendemain, vendredi 22 octobre, je n'avais toujours pas de réponse. Le matin, je suis allée voir Ghofrane à la morgue. Je l'ai quittée à contrecœur, et nous sommes partis pour le journal, Johnny et moi. Je comptais me rendre dans les locaux de la rédaction et exiger un entretien avec le directeur, munie d'un dossier complet. Dans ce dossier se trouvaient tous les papiers administratifs de Ghofrane. Tous ses bulletins de salaire. Tous ses contrats de travail. Notamment celui qu'elle avait passé avec l'Arcade, une association d'aide à domicile qui exige la virginité du casier judiciaire de ses employés. J'avais tenté d'obtenir copie du casier de Ghofrane auprès de la Direction des affaires criminelles et des grâces à Nantes, au Casier judiciaire national, mais on m'avait dit ne pouvoir me faire parvenir un justificatif avant quinze jours. Son ancien employeur m'avait donc faxé le document qu'il avait en sa possession. L'innocence de Ghofrane ne pouvait être mise en doute.

Le directeur a refusé de me recevoir quand je suis arrivée. Alors Johnny et moi nous sommes installés dans le hall d'entrée. J'étais venue avec les papiers de Ghofrane, mais également avec sa robe de mariée et tous les accessoires qu'elle n'avait pas pu utiliser. Une pleine automobile. Le chauffeur de taxi m'avait dit sur le trajet : « Votre cause est perdue d'avance, *La Provence* n'a jamais rectifié un seul article. » J'ai disposé les accessoires autour de moi. À chaque fois qu'un journaliste passait, je brandissais la robe blanche et les fiches de paie.

Le directeur du journal a fini par venir me voir dans le hall de la rédaction. Je lui ai demandé de publier un second article qui « rectifierait » le premier. Je l'ai menacé de l'attaquer pour diffamation et d'entamer une grève de la faim sous ses fenêtres, si jamais je n'obtenais pas réparation. Il m'a promis que le soir même, le journaliste qui avait rédigé l'article viendrait en personne me présenter ses excuses, à mon domicile. À la fin de l'entretien, il avait pris mes mains entre les siennes et souffrait avec moi. Le journaliste a tenu parole. Il a écrit un autre article à l'occasion de la « Marche blanche pour Ghofrane », le 27 octobre 2004.

Le commandant m'a appelée le soir pour me féliciter : « Bravo, Mme Haddaoui, c'est la première fois que j'apprends que *La Provence* effectue un rectificatif ! Vous avez bien défendu l'honneur de votre fille. »

Pour moi, il était de la plus haute importance que l'innocence de ma fille soit attestée. Des raisons familiales m'y poussaient : l'enterrement allait avoir lieu, et le fait que Ghofrane ait été lapidée posait déjà de nombreux problèmes. Il me fallait prouver à ses oncles que Ghofrane était une victime et non une femme adultère, coupable et damnée. L'article de *La Provence* avait été faxé en Tunisie par certains cousins domiciliés en France et avait été utilisé contre nous. Je craignais qu'on n'empêche les funérailles faute d'une rectification. Ces cousins-là ne font plus partie de la famille pour moi, et je leur ai d'ailleurs interdit l'entrée de la morgue.

Mais une autre raison me poussait à la persévérance. Insister sur les soi-disant fautes de la victime du meurtre permettait d'atténuer l'horreur de la situation. Cela évitait qu'on insiste trop sur le terme de « lapidation ».

Je trouve tout de même incroyable que, à chaque fois qu'une femme souffre de violences, et même en meurt, les médias trouvent des raisons qui minimisent la responsabilité des coupables ! On argue du crime passionnel, de l'enfance difficile... Mais qui donc peut se targuer d'avoir eu une vie facile ? Qui d'entre nous a toujours tout vu en rose ? La plupart des gens ont souffert, mais ne sont pas devenus délinquants ni criminels pour autant...

Le corps découvert le même jour que celui de Ghofrane, dans le parc de Font Obscure, avait été identifié comme étant celui d'un garçon prénommé Yazid. Il avait été assassiné trois semaines auparavant lors d'un règlement de comptes, suite à une affaire de haschisch. Les articles parus à ce moment avaient mis en parallèle les meurtres de Ghofrane et de Yazid, de telle sorte qu'on pouvait finir par les confondre ou par penser qu'il s'agissait de la même affaire. Pour moi, la démarche du journaliste était la même que lors de la tentative de diffamation de ma fille : étouffer l'affaire. « Lapidation » est un mot qui fait peur.

La marche blanche pour Ghofrane

Ainsi, la mémoire de Ghofrane avait été bafouée avant même son enterrement. La presse en faisait une délinquante qui n'avait eu que ce qu'elle méritait, et la police connaissait l'identité d'un des garçons sans pour autant l'arrêter. Nous continuions de le croiser sur notre route ! Il était assis en bas de notre immeuble : quand il nous apercevait, il baissait les yeux et partait parfois ; mais souvent, il riait et crachait dans notre direction. Cette situation était insupportable. Il fallait agir. Pour protéger ma famille, mais aussi pour que la vérité sur ce crime barbare soit connue du plus grand nombre.

J'ai décidé d'organiser une marche pour dénoncer le meurtre de ma fille. Elle eut lieu le mercredi 27 octobre, avant de notre départ pour Tunis. J'avais faxé une demande à l'évêché et au commissariat de secteur, et obtenu l'autorisation de la police.

Nous avons fait des centaines de photocopies d'une grande photo de Ghofrane, et nous l'avons affichée partout. Nous avons déchiré les draps achetés pour le mariage et nous nous en sommes servi comme banderoles. On pouvait y lire : « Neuf mois pour faire une belle petite, un jour pour la tuer. » Nous avons récolté des cartons dans une rue commerçante, et nous y avons inscrit : « Lapidation : retour vers le futur. » Sur les faire-part de mariage, nous avons écrit d'autres slogans. Nous en avons distribué six cent cinquante dans toutes les cités, dans tous les lycées, y compris dans les quartiers nord. Nous sommes descendus dans la rue avec un drap brodé de sourates coraniques d'or et d'argent, le drap qui devait recouvrir le cercueil de Ghofrane lors de son enterrement. Tous les amis de Ghofrane m'accompagnaient : nous étions au moins cinq cents. Il y avait deux collèges de La Belle de Mai, l'école Maurice Korsec, les capoeiristes, Olga et ses amis, ainsi que des jeunes venus de tous les quartiers. Deux des témoins ont désiré nous accompagner (à ce moment-là, nous ignorions qu'ils étaient témoins). Une troisième n'est pas venue, mais m'a embrassée au départ de la marche.

Le trajet était bien tracé : nous partirions de chez moi, au Centre Bourse, et arpenterions la Canebière, jusqu'à l'église des Réformés, puis jusqu'au Vieux-Port, en direction de la mairie centrale. Ensuite, je comptais me rendre au palais de justice, de l'autre côté du port. J'avais donné pour consigne de marcher le plus lentement possible, afin de bloquer la circulation. Nous avons marché en priant et en disant des sourates coraniques. La foule était émue, jusqu'aux policiers qui encadraient la marche. Nous disions sans arrêt : « Arrêtez les agressions ! » et « Arrêtez les assassins ! »

Kokina me tenait par la main, car j'étais au bord du malaise. Mais dans la foule, tout le monde n'était pas bien intentionné. On a entendu des voix de femmes dire : « Tiens, regarde, deux patronnes de bar ensemble, ça ne m'étonne pas. » Kokina a lâché ma main et a commencé à réciter la Chahada, la profession de foi des musulmans. Elle voulait montrer que même si nous travaillions dans des bars, nous étions musulmanes et respectées dans tout Marseille. Elle alternait cette phrase et le prénom de Ghofrane, et la foule scandait tout ce qu'elle disait. Puis elle est revenue me prendre la main. Les deux patronnes de bar avaient gagné, plus personne n'a dit quoi que ce soit.

Une fois devant la mairie, j'ai parlé. J'ai demandé à ce qu'on arrête les violences. Qu'on arrête les assassins. Le maire de Marseille, Jean-Claude Gaudin, a été très touché par ma démarche. Il avait d'ailleurs été le premier à m'envoyer une lettre de condoléances. Son équipe m'a reçue immédiatement, avec ma famille et mes plus proches amies. Tous ont compati à ma douleur et on m'a proposé une aide financière, notamment pour les billets d'avion à destination de Tunis. J'ai refusé : les billets étaient déjà payés. On m'a assurée que M. le Maire s'occuperait personnellement de ce dossier. Son équipe resterait en contact avec la police, afin de suivre l'évolution de l'enquête, mais également avec nous : nous avons laissé nos coordonnées à Tunis, pour qu'on puisse nous y joindre. Durant toute mon enquête parallèle, la coordinatrice du maire, Mme Mivielle, m'a beaucoup soutenue et a toujours été à mes côtés physiquement ou par téléphone.

On nous a ensuite conduits au palais de justice, où nous avons rencontré le procureur. J'étais accompagnée de Kokina, Naoufel, Iman, Chadia, Aïcha, et de B*, le fiancé de Ghofrane. Le commandant et la commissaire étaient également présents.

Cette marche était la première manifestation de protestation que nous organisions, et la réaction qu'avaient eue les gens dans la rue nous avait rassurés. Nous n'étions plus vraiment seuls, puisque l'opinion publique était prête à s'en mêler. *La Provence* avait d'ailleurs rédigé pour l'occasion un bel article « réparant » son premier article diffamatoire.

Mais cette grande manifestation de solidarité reste tout de même pour mes enfants et moi un souvenir amer. Car les garçons qui avaient commis le crime étaient dans la foule, mêlés à nos amis, et m'ont embrassée, comme les autres, avec un cynisme révoltant. D'autres jeunes nous regardaient passer en déchirant les photographies de notre chère Ghofrane... Geste ô combien symbolique, dont la violence nous a fait mal.

Le prévenu n° 1

J'ai déjà dit que durant mon séjour en Tunisie, j'étais restée en contact avec la France : avec la police, bien entendu, mais également avec la Ville de Marseille, qui m'a beaucoup soutenue, et surtout avec mes enquêteurs.

À mon retour, le 8 novembre 2004, le commandant de police a voulu m'offrir un cadeau, au nom de cette république française qu'il fallait respecter... Il m'a appelée pour m'apprendre qu'on avait enfin arrêté le prévenu n° 1, « l'unique » personne soupçonnée du meurtre de Ghofrane : le garçon avait avoué. Mais j'étais déjà au courant : juste auparavant, le cabinet du maire m'avait contactée pour m'apprendre la nouvelle et me proposer un entretien avec le maire le lendemain.

Le troisième appel téléphonique que j'ai reçu cet après-midi-là émanait du Savu. L'équipe avait assisté à l'audition. Selon eux, l'aveu avait eu l'air trop bien rodé : il avait dû être préparé. Le garçon était resté froid. Il avait pleuré à un moment, mais sans manifester de remords particulier. Quand j'ai demandé s'il avait évoqué le mobile du crime, ils m'ont appris que le prévenu souhaitait apparemment plaider le crime passionnel. Mais pouvait-on parler de passion, alors que ses relations avec Ghofrane étaient inexistantes ? Il était certain que le prévenu n° 1 mentait. Ghofrane était morte gratuitement.

Le commandant avait la gorge nouée en m'annonçant la garde à vue du prévenu n° 1. J'ai compris pourquoi après avoir pris connaissance des procès-verbaux contenus dans le dossier dont disposait mon avocat. Le récit des sévices endurés par ma fille était tout simplement atroce.

Le prévenu n° 1 avait donc dix-sept ans, onze mois et trois semaines lorsque l'assassinat de Ghofrane avait été commis. De père algérien et de mère espagnole, il était français. Domicilié chez sa mère – ses parents étaient séparés –, le prévenu n° 1 n'y dormait que rarement. Il était plus souvent dans la rue, avec ses amis et complices. Depuis l'âge de dix ans, il avait commis acte de délinquance sur acte de délinquance. Récidiviste, il était connu entre autres pour vols et *deal* de haschisch. Violent, il avait agressé physiquement une jeune femme de Lyon et d'autres à

Marseille, dont la sœur de l'une des témoins. Il avait pour habitude de s'attaquer aux personnes âgées et aux filles, mais aucune n'avait osé porter plainte contre lui.

Voilà la manière dont la police avait procédé à l'arrestation : comme il était mineur au moment des faits, le commandant de police souhaitait attendre sa majorité, afin de faciliter la procédure d'audition. C'était là une bonne méthode : le coupable s'était rendu lui-même au commissariat du XVe arrondissement suite à une convocation... pour « différends de voisinage ». Il avait avoué son méfait. La police l'avait ensuite interrogé sur le meurtre de Ghofrane : il avait également avoué l'avoir tuée.

Les preuves étaient de toutes façons irréfutables : la police avait ramassé des pierres – *trois* pierres... – sur les lieux du crime, ainsi que des follicules capillaires sur les vêtements de Ghofrane, et les analyses ADN ont révélé que certaines des empreintes étaient les siennes. Il possédait de plus, comme nous l'avons déjà signalé, le téléphone portable de Ghofrane, dans lequel sa puce avait été introduite. Il s'en était servi pour consulter sa messagerie téléphonique...

Son argumentation lors de l'audition fut la suivante : il était amoureux de Ghofrane, qu'il connaissait de vue pour passer ses journées au Centre Bourse, et elle l'avait souvent éconduit. Mais le soir du 17 octobre 2004, elle avait accepté de « sortir avec lui ». Il l'avait appelée à 21 h 30 à partir d'un taxiphone du Centre Bourse, et lui avait donné rendez-vous. Elle était descendue de chez elle vers 22 heures, et l'avait rejoint dans l'un des arrêts de bus, où il était en compagnie d'amis. Il lui avait demandé de le retrouver plus tard, aux environs de minuit et demi, heure de départ du dernier bus 526, qui va du centre-ville aux quartiers nord. Elle était revenue vers minuit dix, et ils avaient emprunté le bus ensemble à minuit et demi – heure à laquelle la carte de transports de Ghofrane avait été poinçonnée pour la dernière fois. Elle lui avait auparavant proposé de passer la nuit en sa compagnie à l'hôtel, puis ils avaient décidé de se rendre au domicile de la mère du prévenu n° 1.

Ils étaient descendus à l'arrêt de bus situé devant le lycée de La Viste. Ils s'étaient alors dirigés vers le terrain vague, en descendant la colline par des chemins de terre qu'il a dit utiliser chaque jour pour se rendre chez lui, de l'autre côté du terrain, à dix minutes à pied. Ghofrane s'était dédite sur le chemin. Elle avait passé un appel téléphonique et avait demandé à quelqu'un de venir la chercher. Elle avait refusé les avances du garçon et lui avait dit souhaiter rentrer chez elle. Son fiancé allait venir la chercher en voiture. Déçu d'apprendre l'existence d'un rival et blessé dans son amour propre, il l'avait alors giflée une première fois. Elle s'était relevée, et il l'avait giflée une seconde fois. Puis, voyant qu'elle était immobile, il avait décidé de la tuer. Il avait aperçu de grosses pierres à proximité et avait commencé à lui en jeter au visage. Il avait fait cela pendant cinq à dix minutes. Elle n'avait pas du tout crié.

Voyant qu'elle était morte et prenant conscience de la gravité de ses actes, il s'était enfui et avait passé la nuit sur un banc, dans un parc. Il avait regagné le domicile de sa mère au petit matin et n'avait rien dit à personne. C'est à ce moment-là qu'il avait introduit sa puce dans le téléphone de Ghofrane, pour consulter sa messagerie.

Il avait appris la découverte de son corps le mardi 19 octobre dans l'après-midi en lisant la presse gratuite.

J'ai eu accès aux procès-verbaux des entretiens. La manière dont il a décrit ses gestes durant l'audition est parlante : il dit lui avoir « jeté avec force des pierres sur le crâne » et s'être « acharné à lui jeter des pierres ». Quand la police lui fait préciser s'il veut dire qu'il a « assené des coups en se servant d'une pierre comme arme » ou s'il a « jeté des pierres », il résume son crime par cette phrase : « Je n'ai pas assené de coups en utilisant les mêmes pierres comme une arme à plusieurs reprises, j'ai lapidé Ghofrane en lui jetant pendant cinq à dix minutes les rochers ou pierres trouvés sur place ».

Amoureux éconduit, le prévenu n° 1 plaidait le crime passionnel sans préméditation du meurtre... Ce qui lui assurait une réduction de peine, accentuée par sa minorité au moment des faits.

Il est intéressant de faire à ce sujet une remarque : on dénonce souvent – et à juste titre – les crimes d'honneur en cours dans certains pays musulmans. Par « crimes d'honneur », on entend : assassinats de femmes par leurs mari, père ou frère(s), qui se disent « bafoués » par une conduite inadmissible. La « faute » ne peut alors être lavée que dans le sang. Dans de nombreux pays, la juridiction ne prévoit pas de punition pour les crimes de ce genre et les assassins sont systématiquement innocentés. Dans le meilleur des cas, les peines encourues sont minimes.

Pour ma part, j'appelle ces crimes d'honneur des « crimes d'horreur », et j'affirme qu'ils existent également sous une forme un peu différente en France. Mais en France, on les appelle « crimes passionnels »... Plaider le crime passionnel pour un meurtre permet souvent au coupable de bénéficier d'une peine réduite et d'éviter la perpétuité.

Le prévenu n° 1 a eu trois semaines de réflexion avant son aveu. Il a été bien conseillé et, les preuves de sa culpabilité étant accablantes, il a choisi la solution qui s'avérait la plus avantageuse pour lui.

Je suis persuadée qu'il ment. Il ment pour plusieurs raisons : pour raccourcir sa peine et pour « assurer ses arrières ». Il ne peut, en effet, échapper à la condamnation, mais ses complices, eux, le peuvent s'il affirme avoir été seul cette nuit-là. Et ils achèteront donc son silence. Ainsi, il est sûr de trouver à sa sortie de prison un petit pécule, fruit de cambriolages et de braquages, et il peut même en profiter pendant sa captivité sous la forme de mandats et de colis.

Si son intérêt à mentir est évident, il reste encore à le prouver. Il dit avoir eu une idylle avec Ghofrane, le soir du 17 octobre, et lui avoir téléphoné. S'il lui a téléphoné, c'est qu'il connaissait son numéro. Or l'analyse de la puce introduite dans le portable de Ghofrane, mais utilisée par le prévenu n° 1, a montré qu'il ne lui avait jamais adressé un seul appel à partir de son mobile. De plus, aucune trace de l'appel qu'il dit avoir passé à partir du taxiphone du Centre Bourse n'a été retrouvée. Une autre personne a bien appelé Ghofrane à 21 h 30, mais c'était son beau-père, et l'appel a été passé à partir du XVe arrondissement. Il a d'ailleurs été incapable de donner le numéro de téléphone de Ghofrane lorsqu'on le lui a demandé. Enfin, Iman a formellement identifié deux voix de filles lors du dernier appel téléphonique reçu par Ghofrane, à 22 h 15. Le prévenu n° 1 ne l'a donc pas appelée : il ment donc sur les liens qui l'unissaient à elle. De toute façon, je sais qu'il n'était pas proche de ma fille. J'ai des rapports très libres avec mes enfants, et chacun se confie à moi comme à une amie. Ghofrane ne fréquentait pas ce garçon. Elle m'avait dit en revanche qu'il avait essayé de la *racketter* et qu'il lui faisait peur.

Le fait qu'il était seul avec Ghofrane a bien vite été démenti par les autres personnes interpellées peu de temps après. Si elle a pris le bus avec lui, comme il l'affirme, ils étaient accompagnés de deux autres garçons, ainsi que les concernés l'ont dit dans leur déposition. Or, il est plutôt surprenant d'imaginer une fille aussi méfiante que Ghofrane, et qui plus est fiancée, partir pour l'autre bout de Marseille en pleine nuit avec trois garçons, et ce dans le but avoué de coucher avec l'un d'eux : il devait nécessairement y avoir des filles dans le groupe. Pour les raisons que j'ai déjà évoquées, mais aussi parce que je suis persuadée que si Ghofrane avait été seule avec ces trois garçons, qui disent l'avoir accompagnée alors qu'elle allait faire l'amour avec l'un d'eux, on aurait immanquablement retrouvé des traces de viol sur son cadavre. Ghofrane n'a pas été abusée. Je suis sûre que seule la présence de filles a pu lui épargner cet outrage de la part de personnes aussi peu scrupuleuses.

Le trajet décrit par le prévenu n° 1 me paraît encore plus douteux, surtout après vérification. En effet, s'ils ont pris le bus à minuit et demi, ils ont dû parvenir à l'arrêt de La Viste à une heure du matin. Cette nuit-là, il pleuvait, et le chemin était boueux. Descendre jusqu'au terrain vague était périlleux, et atteindre les bassins a dû leur prendre vingt bonnes minutes. Pour rejoindre la cité où vit sa mère, il aurait fallu au moins quarante minutes ! Le prévenu n° 1 ment donc quand il certifie utiliser ce trajet quotidiennement pour se rendre chez sa mère en dix minutes. Mensonge confirmé par l'itinéraire du bus 526 : si l'on ne descend pas à l'arrêt de La Viste, le véhicule nous entraîne jusqu'à… la cité en question, à quatre stations à peine ! Pourquoi donc le prévenu n° 1 prendrait-il la peine d'emprunter chaque jour les chemins de terre de la colline pendant quarante minutes, alors que le bus le déposerait en dix minutes juste devant chez lui ?

Un dernier détail renforce mes certitudes : si Ghofrane a changé d'avis sur le chemin, pourquoi a-t-on retrouvé son cadavre près des bassins, beaucoup plus loin, alors qu'il dit l'avoir tuée à ce moment-là ?

Il ressort de tout cela que le prévenu n° 1 a fabriqué cet itinéraire de toutes pièces dans le but de tromper la police. Et ce, pour préserver ses complices et masquer la vérité.

Il faut ajouter que le prévenu n° 1 s'est conduit de manière extrêmement désagréable lors de chacune de ses audiences avec la justice. Il a même demandé une fois, de manière cynique, « qu'on ne l'auditionne pas en début d'après-midi, car il aimerait bien pouvoir regarder *Les Feux de l'amour* tranquillement ». Jamais il n'a manifesté de regret, jamais il n'a demandé pardon. Pas plus que les autres prévenus. J'espère bien que tout cela leur nuira lors du procès.

Les effets de la rumeur

Quelques jours après l'interpellation du prévenu n° 1, le 11 novembre 2004, *La Provence* a de nouveau publié un article provoquant notre colère. En effet, on y montrait la photographie d'un homme qui n'avait strictement rien à voir avec Ghofrane, ni avec l'affaire en général… Suite à nos protestations, un nouveau rectificatif est paru dans un article le jour suivant, mais en page 17 du journal…

Au lendemain du crime, certaines personnes savaient. Les nouvelles vont vite dans la rue, car il y a toujours des gens qui parlent trop… Les jeunes que nous avons rencontrés aux abords du Centre Bourse étaient donc au courant du meurtre de Ghofrane, de même que d'autres adolescents des quartiers nord. Le prévenu n° 1 et ses acolytes n'avaient pas été très discrets.

Tout son quartier de résidence s'est révolté et a voulu se venger sur sa mère. On écrivait « Assassin » sur sa boîte aux lettres. Interrogée par la police, puis par des journalistes de Canal+, elle a dit que son fils avait des complices, mais qu'il ne pouvait pas les dénoncer, de peur qu'il n'arrive quelque chose à sa famille. Elle a demandé qu'on l'aide à déménager, pour que son fils parle.

On lui a rapidement trouvé un autre logement, mais son fils n'est pas revenu sur sa déposition. Pire encore, il tente aujourd'hui de se rétracter, malgré les preuves accablantes fournies par l'ADN trouvé sur les pierres que possède la police…

J'aurais aimé parler à cette femme, mais je n'ai pas insisté pour le faire. Je suis persuadée qu'elle aurait refusé de me rencontrer, parce que l'enquête est en cours, et parce qu'elle doit penser que je lui en veux. Je ne peux pas le nier : je lui en veux. Je ne comprends pas qu'une mère, voyant rentrer son fils avec des vêtements ensanglantés, se contente de les lui laver à la machine sans poser de questions. Si son fils en est arrivé là, c'est un peu de sa faute. Mais j'aurais aimé m'entretenir avec elle de plusieurs choses, et d'une en particulier : elle a dit qu'en déménageant, elle permettait à son fils de « dénoncer ses collègues ». Elle a employé ce pluriel. Je voulais la convaincre de faire en sorte que son fils se confesse auprès d'elle. Que les noms de tous les autres complices sortent enfin, et qu'on les arrête.

Car l'arrestation du prévenu n° 1 n'a pas été un soulagement pour moi. Je refusais qu'on me dise que l'enquête était close, puisque le garçon avait avoué. Il y avait suffisamment de pistes pour retrouver les autres : il fallait interroger les filles du Centre Bourse, la mère du prévenu n° 1, et certainement d'autres personnes encore... J'ai demandé au commandant de police de garder le prévenu n° 1 dans ses locaux. Le garçon devait parler. Mais une garde à vue légale ne peut excéder la durée maximale de quarante-huit heures... Le 11 novembre 2004, il a été remis au juge d'instruction. Je ne pouvais plus contacter directement le commandant de police au sujet de l'affaire, mais devais passer par mon avocat, qui transmettrait à la justice mes demandes et contestations. C'est à ce moment-là que mes relations avec le commandant ont commencé à se détériorer : je ne pouvais accepter que la police doive suivre les consignes du juge d'instruction... C'était la procédure, mais je voulais que tout aille plus vite

L'association Ni Putes Ni Soumises

À mon retour de Tunisie, le cabinet de M. Gaudin avait émis le désir de me rencontrer. Je m'y suis donc rendue le lendemain, le 9 novembre. Une aide matérielle m'a été proposée une fois de plus. Pour l'enterrement de Ghofrane, j'avais vendu tout ce que je possédais, et mes ressources étaient épuisées. Je ne pouvais plus travailler à La Seyne-sur-Mer : la propriétaire du fonds de commerce avait profité de mon absence et de mon deuil pour faire changer les serrures ! Manœuvre malhonnête et même indécente, vu les raisons de mon absence sur place... Je lui avais aussitôt intenté un procès. Mais je dois avouer que je n'aurais de toute façon plus pu m'y rendre quotidiennement : depuis la mort de Ghofrane, je ne sais plus conduire.

J'ai refusé l'argent. Je mets un point d'honneur à me débrouiller seule. De même, j'ai toujours refusé les indemnités versées aux familles de victimes. Il est hors de question que je touche un centime sur la mort de ma fille. Je préfère de loin travailler, même en tant que femme de ménage, comme c'est actuellement le cas.

Mais ce jour-là, la mairie m'a fait un cadeau bien plus précieux. Une personne m'a parlé de l'association Ni Putes Ni Soumises. Je n'avais plus de forfait téléphonique, et comme j'étais incapable de renflouer ma carte, mes coordonnées ont été transmises au secrétariat de l'association à Paris. On m'a appelée immédiatement. Le meurtre barbare de Ghofrane n'était pas du tout connu à Paris : il a beaucoup choqué mes interlocuteurs.

Mes enfants, Aïcha et Kokina n'étaient pas vraiment d'accord pour accepter l'aide de cette association. Pour eux, leur mouvement s'appuyait sur les médias et la politique et prônait plus ou moins la liberté sexuelle et la minijupe... Mais j'avais justement besoin que l'affaire soit médiatisée. Il fallait s'associer avec elles. Mes enfants m'ont, une fois de plus, fait confiance, et la suite des événements leur prouva qu'ils avaient eu raison.

Safia Lebdi, la vice-présidente de Ni Putes Ni Soumises de Paris, était aux États-Unis. Elle a interrompu son voyage et est arrivée le lendemain. Souri Mektil, une autre militante de Marseille, l'a accompagnée. Elle est depuis devenue une amie et m'a beaucoup soutenue. Toutes deux faisaient le ramadan, elles se sont présentées chez moi le soir, juste après la rupture du jeûne. Je les ai accueillies et leur ai montré les pierres que j'avais à la maison. On y voyait encore les cheveux et le sang de Ghofrane. Ça les a bouleversées.

J'ai su immédiatement que j'avais pris la bonne décision en leur demandant de venir : c'étaient de vraies militantes, et je pouvais leur faire confiance. C'était un renouveau. Grâce à Ni Putes Ni Soumises, l'affaire de Ghofrane prendrait une autre dimension. On allait faire du remue-ménage.

Je ne remercierai jamais assez la mairie de Marseille pour son assistance. Jusqu'à aujourd'hui, le cabinet du maire prend de mes nouvelles et me soutient. Et même parfois malgré moi : ce jour où je refusai l'argent, on remit un chèque… à l'une de mes filles, « pour que je puisse au moins téléphoner et poursuivre mon enquête » ! C'est ce que j'ai fait.

Safia et Souri m'ont accompagnée dans la rue le soir même de notre rencontre, avec Kokina, Naoufel, Iman et Chadia. Nous avions enfilé nos tenues de combat : jeans, baskets et casquettes sur la tête. C'est au cours de cette nuit-là que nous avons réussi à convaincre trois filles de témoigner.

J'allais à la rencontre des jeunes, inlassablement, tandis que Souri rejoignait l'équipe d'Iman au Plan d'Aou et à La Belle de Mai. Je suis pour ma part allée dans tous les quartiers, et j'ai tenté de sensibiliser le plus grand nombre de personnes possible. Je ramenais des thermos de café, de thé, des gâteaux et des bonbons, et j'alimentais les discussions. Nous avons mobilisé au total plus de trois cent cinquante jeunes : des amis et connaissances de mes enfants, mais aussi des personnes de notre quartier actuel, le Centre Bourse, et de La Belle de Mai, où Ghofrane avait passé vingt-deux ans de sa vie.

Pendant notre séjour en Tunisie, une jeune fille m'avait appelée. Elle était scolarisée dans un lycée professionnel des quartiers nord de Marseille et m'avait dit connaître une personne acceptant de témoigner : l'une de ses amies qui sortait avec un certain D., cousin du prévenu n° 1. Un soir, la lycéenne était avec son amie et D. Tous trois avaient passé la soirée à fumer du cannabis, quand D. avait dit : « Je ne comprends pas pourquoi P1 a voulu plonger seul. Il aurait dû dénoncer P2 et P3. » Il citait les prénoms du prévenu n° 1, mais également de ceux que nous appellerons le prévenu n° 2 et le prévenu n° 3. Une autre fille du lycée sortait d'ailleurs avec le prévenu n° 3, et avait pu donner des renseignements supplémentaires. La jeune fille qui avait assisté à cette discussion, rongée par le remord, voulait désormais témoigner contre les deux autres suspects.

Deux autres filles nous avaient dit, lors de la levée du corps de Ghofrane, que le jour où la police faisait ses relevés au terrain vague, les trois garçons, – le prévenu n° 1, le prévenu n° 2 et le prévenu n° 3 – observaient leurs manœuvres avec des jumelles à partir des villas qui surplombent le terrain. Une autre fois, elles avaient ajouté que les garçons étaient accompagnés de filles cet après-midi-là.

Les quatre témoins étaient amies. Elles traînaient elles aussi aux abords du Centre Bourse et commettaient autant de délits que les garçons qu'elles étaient prêtes à accuser. Trois d'entre elles vivaient dans la rue. Ayant eu des démêlés avec la police, elles hésitaient encore à témoigner. Elles avaient peur d'avoir des problèmes avec les prévenus autant qu'avec la justice. Il fallait les surveiller jour et nuit, car j'avais peur qu'elles ne disparaissent. Pour plus de sécurité, je les avais également fait interviewer par certains des journalistes parisiens qui s'intéressaient au meurtre de Ghofrane. Je devais garder une trace. Ces filles étaient mes bouées de sauvetage. Elles tenaient des renseignements capitaux : deux autres garçons, le prévenu n° 2 et le prévenu n° 3, avaient participé à l'assassinat de Ghofrane.

Lorsque nous étions descendus dans la rue cette nuit-là, avec à nos côtés Safia et Souri, nous les avions retrouvées en bas de l'immeuble une fois de plus. Nous avons décidé de les prendre en charge, de peur qu'elles n'aillent en prison ou qu'elles ne fuguent avant d'avoir témoigné. Je les ai emmenées chez moi : les riverains ont alors pu se promener sans souci dans leur propre quartier pendant quelques heures !

Deuxième marche de protestation : une visite au palais de justice

J'avais réussi à convaincre tout le monde : il y avait d'autres assassins, et il fallait les retrouver. Nous avons décidé d'organiser une deuxième marche, le jeudi 18 novembre 2004. Une marche pacifiste, comme la première. Encore une fois, le beau visage de Ghofrane illuminait tout le quartier et nous souriait, placardé sur les murs, les arrêts de bus, les vitrines… Certains barbares continuaient leur blasphème en arrachant nos affichettes. Mieux valait les ignorer.

Les renseignements généraux m'ont appelée pour me dire que je n'avais pas le droit d'organiser cette deuxième marche, parce qu'il fallait d'abord en faire la demande à la préfecture. Je l'avais faite par fax et j'avais des avis de réception positifs. Nous étions en règle. C'est que cette affaire gênait... À ce moment-là, les médias évoquaient l'assassinat de Theo van Gogh par des extrémistes islamistes aux Pays-Bas et la lapidation de Jila en Iran. Parler d'une lapidation en France n'était pas vraiment souhaitable pour certains responsables...

Cette fois, l'itinéraire fut le suivant : nous partirions du Centre Bourse et descendrions la Canebière jusqu'au Vieux-Port. De là, nous rejoindrions le palais de justice. Le prévenu n° 1 n'étant plus sous la responsabilité de la police, mais de la justice, nous désirions rencontrer le juge d'instruction.

Nous étions soixante-dix : des amis, des proches, Safia et Souri. Les témoins nous accompagnaient. Si on désirait les interroger, elles étaient là. *Radio Gazelle*, *M6* et *F3* nous attendaient devant le palais de justice, mais j'ai refusé de parler aux journalistes. J'avais demandé aux manifestants de ne dire qu'une chose : « Arrêtez les assassins ! Ghofrane a été lapidée ! » Ils avaient pour consigne de répéter cette phrase même pendant que nous serions en entretien avec le juge d'instruction.

Le juge d'instruction a refusé de me recevoir : j'ai vu le substitut du procureur avec Naoufel et mon avocat, maître A. Il avait refusé la présence de Ni Putes Ni Soumises. J'ai appris que ce jour-là, le prévenu n° 1 avait été attaqué par ses codétenus pendant la promenade : on l'avait frappé avec des boules de pétanque, et il était presque dans le coma. Le substitut du procureur m'a dit qu'il était de son devoir de protéger son détenu. Depuis, il est aux Baumettes, dans une cellule isolée. J'ai rétorqué que, pour moi, cela n'avait aucune importance. Où que soit le prévenu n° 1, j'irais manifester et crier qu'il avait lapidé Ghofrane avec l'aide de ses complices. On m'a répondu qu'il avait avoué avoir perpétré le crime seul et qu'il n'était pas question de complices.

J'exposai une fois de plus ma thèse : il était impossible que ce garçon ait tué Ghofrane seul. Nous avions des témoignages. On pouvait même interroger les filles sur le champ. Mais on m'a dit qu'il était nécessaire de passer par un avocat pour en faire la demande au juge d'instruction.

Le substitut du procureur a écouté ce que j'avais à lui dire. Mais il a fini pas me répondre qu'une enquête ne pouvait pas se fonder sur une rumeur. Ni sur mes rêves... Il fallait des faits concrets.

Je me révoltai : ma fille avait été lapidée, c'était très grave ! Mais on m'objecta que rien ne prouvait qu'il s'agisse d'une lapidation. Je rappelai que le prévenu n° 1 l'avait dit lui-même dans sa déposition. Les verbes qu'il avait employés étaient plus qu'explicites. Et le rapport d'autopsie montrait également que Ghofrane était décédée suite à un « poly-traumatisme de la boîte crânienne par jets de pierres ». Or une lapidation s'effectue toujours en groupe.

Puis j'ai évoqué une question que j'avais posée à la police, la question centrale selon moi : *combien de pierres avaient été ramassées* ? On m'avait dit disposer de trente et une pierres. Mais les tests ADN n'avaient été effectués que sur trois... Et j'avais moi-même vingt-huit de ces pierres à la maison. Si les analyses n'avaient été pratiquées que sur trois pierres, c'était tout simplement parce que l'équipe scientifique de la police n'en possédait *que trois*. J'ai donc demandé au substitut du procureur pourquoi *toutes les pierres* n'avaient pas été ramassées, puisque c'était des pièces à conviction, des « fait bien concrets »... On pouvait faire de nouveaux tests ADN à partir des pierres restantes. Ce n'était vraiment pas normal. J'ai ajouté que le jour où j'étais allée au terrain du Grand Littoral pour la première fois, j'avais également trouvé, à cent mètres de l'emplacement où on avait découvert Ghofrane, ce que j'avais identifié comme son paquet de cigarettes, son briquet, plus un paquet de mouchoirs et une serviette hygiénique lui ayant appartenu. Ces objets avaient rejoint les pierres chez moi.

Le substitut du procureur a dit ne pas être au courant de cet élément. Il m'a affirmé que l'équipe de police serait convoquée dans son bureau l'après-midi même. On ne m'a à ce jour réclamé aucune des pièces à conviction. Et j'ai toujours sur mon balcon les pierres maculées du sang et des cheveux de Ghofrane.

J'entendais au dehors les cris de la foule : « Il faut qu'il paye ! Ghofrane a été lapidée ! » Aïcha criait, et les autres répétaient en chœur.

Le substitut du procureur m'a dit qu'il fallait arrêter de faire autant de bruit, et que le détenu était en danger. Le transférer coûterait cher, et si jamais ses codétenus le tuaient... je n'aurais même pas de procès ! Je lui ai répondu que si son devoir était de protéger ce détenu, le mien était de dénoncer le crime de ma fille. Pour finir, il a ajouté que les choses avaient probablement été faites au mieux pour me protéger, que le juge d'instruction menait son enquête de façon à ce que je ne subisse ni menaces ni pressions, que le prévenu n° 1 serait jugé pour ce qu'il avait fait. L'entretien était clos.

Je fulminais lorsque je rejoignis Safia : malgré tous les indices dont nous disposions, personne ne prenait la peine de faire avancer l'enquête ! Et le prévenu n° 1 serait jugé pour « crime passionnel » ! Safia m'a regardée avec ses beaux yeux noirs, et elle m'a dit : « Maintenant, c'est le moment de faire du boucan. » Elle et Souri ont annoncé qu'une autre marche aurait lieu pour la Journée internationale contre les violences faites aux femmes.

Elle est repartie à Paris le soir même pour enclencher une campagne de médiatisation. À l'occasion de cette journée d'action, prévue pour le 27 novembre, de grandes manifestations se préparaient dans toutes les villes de France. Il fallait que celle de Marseille soit dédiée à Ghofrane. Une fois Safia à Paris, Souri resterait à mes côtés pour continuer notre enquête dans la rue.

Ajouter des pièces au puzzle

Le substitut du procureur m'avait indiqué la marche à suivre pour que les témoins soient entendus. Dès le lendemain, vendredi 19 novembre, Naoufel a appelé mon avocat. Il lui a donné les noms des quatre témoins, et l'avocat s'est chargé de les faxer au juge d'instruction, selon la procédure légale.

Ce juge est un homme juste et équitable. J'ai vite compris qu'il n'était pas là pour m'aimer ou pour soutenir les prévenus, mais pour instruire le dossier. J'ai et je garde, malgré la neutralité de nos rapports, une réelle confiance en lui. Beaucoup des jeunes que j'ai rencontrés dans la rue m'ont parlé de lui : il leur fait peur, car ils le savent droit. La rue connaît tout, même les juges d'instruction… Il a entendu ma supplique : il a aussitôt demandé au commandant de police de reprendre contact avec moi, afin que les témoins puissent être auditionnés.

Entre le commandant et moi, c'était déjà une longue histoire... Nous avions été en contact depuis le premier jour, et avions travaillé la main dans la main, lui avec son équipe en civil, moi avec mon équipe *ad hoc*. Nos rapports avaient été très bons jusqu'à l'arrestation du prévenu n° 1. Comme il avait eu le malheur de nous communiquer son numéro de portable personnel – ce qu'il avait vite regretté ! – je l'appelais sans cesse, soit pour lui demander des informations, soit pour lui en donner parmi celles que je glanais dans la rue. Mais après avoir arrêté le suspect, il avait commencé à me maudire, moi et mes fichus appels téléphoniques... Il avait l'intime conviction que le coupable avait accompli son forfait seul et il ne voulait plus me suivre dans mes « délires ». Il avait décidé qu'il ne me contacterait plus une fois l'accusé entre les mains de la justice, et qu'ainsi s'achèverait son calvaire.

Avant de suivre la procédure conduisant à l'audition des filles, je l'avais déjà appelé. Il était furieux : je le harcelais ! Il ne voulait plus entendre parler de moi : cette affaire ne le concernait plus. Nous nous sommes raccroché au nez, puis nous sommes rappelés... Il s'agissait de reprendre ses esprits... Il m'a dit : « Mme Haddaoui, oubliez mon numéro de téléphone ! Je ne vous appellerai plus jamais ! » Et moi, je lui avais répondu : « M. le commandant, je suis sûre de vous avoir au bout du fil le mercredi 24 novembre, au plus tard. » Pendant que nous nous parlions, cinquante journalistes étaient près de moi et enregistraient l'appel... Vous imaginez donc quel fut son mécontentement lorsque le juge d'instruction lui intima l'ordre de me recontacter au sujet des témoins !

En réalité, j'ai l'impression que nous avons joué au chat et à la souris pendant toute cette période : c'est un homme que j'estime et je reconnais qu'il a beaucoup travaillé pour résoudre l'énigme du crime de Ghofrane. Si son équipe a parfois eu des difficultés, c'est surtout parce qu'il y a certaines choses que la police ne peut pas savoir : la rue est un milieu clos, et seuls des gens de la rue peuvent en pénétrer les arcanes. Mon équipe se fondait dans le milieu, pas la sienne. Les policiers, même en civil, sont immédiatement repérés, quoi qu'ils fassent...

L'appel se déroula cependant de la meilleure manière qui soit. Je lui ai expliqué que quatre personnes désiraient témoigner. Il était prêt à les écouter.

Nous avons donc attendu le lundi en compagnie des témoins. Le premier souci était de savoir où les faire dormir. Safia a appelé le Service national d'accueil téléphonique pour l'enfance maltraitée, au 119. Des éducatrices des AEMO, les services d'Aide aux jeunes en milieu ouvert, sont arrivées : elles connaissaient les filles par leur prénom, et toutes se sont détendues. Notre idée était de leur chercher un foyer. Mais nous étions un vendredi soir et elles, qui connaissaient bien le système, nous ont dit qu'on allait simplement les envoyer dormir à l'évêché pour le week-end. Cela ne résoudrait pas leur problème et cela ne les intéressait pas. Comme elles commençaient à se sentir à l'aise chez moi, elles ont suggéré qu'elles passeraient bien la nuit sur place. Je leur avais préparé du thé. Elles se sentaient en sécurité. Même la plus dure d'entre elles, qui me regardait en coin avec un air animal. J'avais réussi à les toucher.

Mais mes enfants et Aïcha se sont révoltés. Alors que je plaçais tous mes espoirs en elles, ma famille les considérait avec haine. Pour tous, ces filles étaient des amies des assassins de leur sœur, et peut-être même des complices. Elles connaissaient tellement de détails… Mes enfants ont refusé que les témoins dorment à la maison.

Safia, Souri et l'équipe éducative sont parties vers quatre heures du matin. Moi, je suis restée avec les témoins dans la rue jusqu'au lendemain, d'abord au Centre Bourse, puis dans le quartier de l'Opéra : c'est là qu'elles ont l'habitude de guetter les gens pour les voler. Elles m'ont expliqué leur stratégie : l'une d'entre elles demande du feu à un passant, d'autres font tomber la personne et lui volent son portefeuille, tandis qu'une troisième équipe fait le guet. Puis elles se rendent dans un bar de nuit et commandent à manger et à boire, satisfaites de leur coup. Aussi incroyable que cela puisse paraître, cette vie forme le quotidien des jeunes filles que j'accompagnais ces nuits-là, et de nombreux autres jeunes à Marseille. Au moins ma présence les aura-t-elle empêchées de faire des bêtises pendant quelques heures...

Mais il y avait encore un souci… Le lundi 22 novembre, quand le commandant a souhaité interroger les témoins, mon fils a dû lui expliquer que cela était impossible pour l'instant, parce qu'elles voulaient des garanties. Elles avaient toujours peur de la police ! Après avoir contacté un juge pour enfants, la police a pu leur donner l'assurance qu'elles ne seraient pas inquiétées pour les délits qu'elles avaient commis et qui ne touchaient pas à l'affaire de Ghofrane.

Elles ont témoigné dans l'après-midi du lundi 22 novembre, puis sont venues raconter le détail des auditions à qui voulait les entendre, dans les arrêts de bus du Centre Bourse. À un moment, le commandant a téléphoné à la maison d'arrêt de Luynes. Je savais que le prévenu n° 2 y était incarcéré... Mon cœur s'est empli d'espoir.

Je sais depuis que ce qui a été dit par les témoins ce jour-là n'a pas été reproduit fidèlement dans les procès-verbaux. Par exemple, le fait que les trois jeunes hommes aient observé les fouilles de la police à l'aide de jumelles ne figure nulle part. De même, l'une des filles a dit avoir vu les trois garçons dans une Smart le soir du crime, puis plus tard, vers trois heures du matin, sur la Canebière. J'aimerais connaître la raison de ces « oublis ».

Avec ma petite barque...

Le commandant m'avait souvent dit de ne pas me mêler de l'enquête de la police, notamment au sujet de ces témoins. Il disait travailler « en sous-marin », c'est-à-dire avec une voiture banalisée et des policiers en civil. Mais finalement, son sous-marin a coulé ! Les policiers se sont toujours fait repérer et l'enquête n'a rien donné. Et moi, avec ma petite barque, j'avais réussi à toucher le cœur de ces filles et à les faire témoigner, alors que le commandant me disait que l'affaire était close.

Mon « équipe » et moi lui avons amené deux autres prévenus sur un plateau. Lors de notre dernier entretien, je lui ai dit : « Franchement, M. le Commandant... Je mériterais bien d'être commandante ! » Nous ne nous sommes pas vraiment reparlé depuis, même si je lui ai envoyé une invitation pour l'inauguration de la plaque commémorative posée au terrain du Grand Littoral. Dans cette lettre, je lui ai parlé de nos deux techniques, celle du « sous-marin » et celle de la « petite barque ». C'est peut-être la raison pour laquelle il n'est pas venu assister à la pose de la plaque...

À la recherche des complices : le prévenu n° 2 et le prévenu n° 3

Le mercredi 24 novembre, à 19 heures, la police m'a appelée pour m'annoncer une bonne nouvelle : on avait retrouvé les deux garçons. Ils avaient par ailleurs tous deux évoqué la présence d'une fille lors de l'assassinat, et avaient même indiqué son prénom. La police la recherchait. J'ai insisté : il y avait « *deux* filles »...

C'est ce même mercredi 24 novembre que le prévenu n° 2 a parlé. Il a avoué avoir été présent sur les lieux du crime, mais sans participer à l'assassinat. Selon lui, c'était seulement pour voler le sac et le portable de Ghofrane qu'ils l'avaient emmenée au terrain vague.

Le prévenu n° 3 a dénoncé le crime ce jour-là. Selon ses dires, il n'était pas présent le soir du meurtre et avait appris le forfait de ses amis seulement le lendemain. Mais il n'avait pas fait la démarche d'en avertir la police, ce qui lui valait une interpellation pour non-dénonciation de crime et une mise sous contrôle judiciaire.

Par contre, il s'était confié à une enquêtrice de justice plus tôt, le 12 novembre : il lui aurait dit avoir suivi le parcours des autres en autobus, mais être descendu beaucoup plus tôt sur la ligne, puis avoir vu ses amis le lendemain matin du meurtre de Ghofrane, alors qu'ils brûlaient une voiture et « les affaires d'un homme qu'ils avaient tué ». Ils auraient ensuite changé de version en disant que c'était une fille qu'ils avaient tuée. Puis ils auraient appris que le corps de Ghofrane avait été découvert en lisant des journaux gratuits. On m'a rapporté que le prévenu n° 3, en sortant de l'entretien avec cette enquêtrice, se serait vanté de l'avoir « baisée ».

Je me bats pour qu'il soit appelé à la barre lors du procès aux Assises : je pense qu'il était avec les autres, mais qu'en vertu de ce qu'on appelle la « loi du repenti », il a obtenu une remise de peine en échange de son témoignage contre ses complices... Ce qui n'est à mes yeux qu'une délation, et en aucun cas un sincère repentir.

Son enquêtrice de justice l'a de fait protégé : elle non plus n'a pas dénoncé le crime... Je n'ai pas pu porter plainte contre cette personne. Mais tous les jours depuis ce 24 novembre 2004, qu'il pleuve, qu'il vente ou qu'il neige, je vais poster un courrier qui lui est adressé, la même lettre tous les jours, dans laquelle je lui demande, entre autres, si elle dort bien la nuit. Jusqu'à présent, elle ne m'a jamais répondu. Et de toute façon, qui suis-je pour saisir une représentante de la justice française ? Je ne suis qu'une victime, une maman éperdue de chagrin, et je n'ai aucun poids.

Voici les éléments dont je dispose au sujet des deux jeunes hommes.

Le prévenu n° 2

La police n'a pas eu de mal à retrouver le prévenu n° 2. Tout comme le prévenu n° 1, il a tout d'abord été arrêté – en ce qui le concerne, pour une affaire de braquage à main armée. Avec ses inséparables compagnons, le prévenu n° 3 et le prévenu n° 1, il avait peu de temps auparavant attaqué un jeune homme dans sa voiture, une Smart. Ils avaient forcé l'homme à en descendre, et l'avaient volée. Cela lui a valu une peine de six ans de prison, dont quatre fermes. Il pouvait s'estimer heureux de tomber « seulement » pour braquage à main armée...

Le prévenu n° 2 était donc déjà emprisonné à la maison d'arrêt de Luynes lorsqu'on l'a interrogé au sujet du meurtre de Ghofrane. Au cours de l'audition, il a déclaré à la police avoir été en possession de l'arme qui avait servi au braquage de la Smart le soir de l'assassinat.

Français d'origine algérienne, il était âgé de seize ans au moment des faits. Lui aussi était récidiviste. Il était logé par la Ddass dans un hôtel meublé de la Canebière. Sa mère, originaire de Mascara, près d'Oran, est arrivée en France clandestinement, alors qu'elle était enceinte de lui. Elle a eu accès à la nationalité française plus tard, parce que l'enfant était né en France.

C'est en examinant le dossier du crime chez moi que j'ai lu qu'elle l'avait envoyé passer six mois en Algérie en 2004, parce qu'elle ne savait plus quoi faire d'un fils qui commettait des vols et des agressions chaque jour. Sans doute attendait-elle de son séjour qu'il se calme et cesse ses actes de délinquance.

J'avais des éléments sur chacun des trois prévenus, mais ce qui avait pu être l'entourage du prévenu n° 2 en Algérie m'échappait. J'avais l'intuition que pour comprendre ce qui avait pu se passer dans sa tête, il fallait que je me renseigne sur son séjour à Mascara.

Je donne un sens particulier à ce que j'ai appris sur le prévenu n° 2. Je pense que le type de meurtre n'a pas été choisi au hasard, et que les agresseurs ont bel et bien voulu *lapider* Ghofrane, avec tout ce que ce terme implique. C'est d'ailleurs ce qu'a dit très clairement le prévenu n° 2 au sujet de l'assassinat de Ghofrane, lors de ses audiences avec la police : alors qu'ils pouvaient la tuer par balle, puisqu'ils avaient sur eux l'arme qui avait servi à braquer la Smart, ils avaient choisi « comme sentence » de la lapider. Parce que le prévenu n° 1 « avait trop la haine ». Parce qu'elle était trop belle, et parce qu'elle les dédaignait ? Parce qu'elle était femme, moderne et libre ? Pour moi, ces garçons ont commis un acte terroriste.

La lapidation : un acte terroriste

De nombreuses personnes ont contesté le terme de « lapidation », à commencer par le *Collectif 13 Droits des Femmes*, mais je n'ai jamais cédé : je maintiens que Ghofrane a été lapidée. Tuer quelqu'un à coups de pierres en réunion, c'est le lapider.

Je tiens à apporter une précision sur ce terme de « lapidation ». J'ai déjà dit que je suis musulmane. Et j'affirme que la lapidation n'est pas inhérente à l'islam. Pour moi, il s'agit d'une pratique qui relève de la tradition, et non pas de la religion, et qui déshonore ceux qui l'exercent au nom de Dieu. La femme est d'ailleurs respectée dans le Coran : la première épouse du Prophète était commerçante, ce qui implique une réelle autonomie.

De plus, la lapidation existait bien avant l'islamisation. Est-ce que dans *l'Évangile selon saint Jean* (8 :1-13), Jésus n'a pas dit de Marie-Madeleine : « Que celui qui n'a jamais péché lui jette la première pierre », la sauvant ainsi de la mort ?

Il est à craindre que dans l'histoire de l'humanité, de nombreuses personnes aient eu à subir cette mort atroce – juives, chrétiennes et musulmanes confondues.

Ceux qui ont assassiné Ghofrane sont des terroristes. Les terroristes, pour moi, n'ont pas de nom, ni de prénom.

Ils n'ont pas de corps. Ils n'ont ni religion ni patrie. Ceux qui disent agir pour la religion mentent. Aucune religion ne prône la haine, et surtout pas l'islam, qui est une religion de clémence. Notre prophète l'a montré face à la pécheresse qui, repentante, était venue lui montrer le bébé dont elle venait d'accoucher. Il l'a renvoyée en lui disant de revenir quand l'enfant aurait trois ans. Trois ans plus tard, elle s'est à nouveau présentée à lui et il lui a demandé de revenir quand l'enfant serait adulte. Quand elle est revenue, il lui a dit : « Celui qui reconnaît ses péchés est pardonné. »

Mais ce qui motive en réalité les terroristes, c'est la haine. Ils agissent simplement pour détruire des humains. Un terroriste est capable de tuer sa propre mère. Il a la haine contre la société et contre l'humanité. Il n'a rien à perdre, ni à gagner, et il lui est égal de tuer une personne ou mille.

Les assassins de Ghofrane ont cru pouvoir faire leur loi. Mais il ne faut pas oublier que, avant tout, leur acte est un acte de haine : ils n'ont pas hésité à la faire souffrir pendant de longues heures. Sans manifester, lors des auditions, l'ombre d'un remords. C'est leur haine de la société et de l'humanité qu'ils ont jetée sur Ghofrane avec les pierres de son martyre.

J'avais vu une émission sur la lapidation en Iran. Je ne me rendais pas du tout compte de ce que c'était en réalité, car je n'étais pas personnellement concernée. Mais aujourd'hui, j'ai l'impression d'avoir ressenti tout ce que ma fille a enduré. J'ai compati à ses souffrances, j'ai eu des contractions, j'ai saigné. Et maintenant, à chaque fois que je vais à l'endroit où Ghofrane a été tuée, je suis malade.

Ma fille s'est vue mourir. Elle a senti son crâne éclater. Elle a vu ses doigts se briser. Dans une première déposition, le prévenu n° 2 dit qu'elle a mis dix minutes *à mourir*. Dans une seconde, il dit qu'elle a mis quarante-cinq minutes à *se débattre*. Selon le rapport d'autopsie, elle a agonisé de dix-huit à vingt-quatre heures. Les prévenus disent l'avoir tuée à une heure du matin. Le prévenu n° 2 a déclaré avoir demandé aux autres d'aller vérifier si elle était morte à 3 h 30 du matin. Elle n'était pas morte. Il l'a dit ainsi : « Ghofrane ne voulait pas mourir. »

Il faut cesser de minimiser les faits. Qu'ils aient été amoureux, qu'ils aient eu une vie difficile n'explique rien : ils ont tué ma fille de sang-froid et dans des conditions atroces. Ils l'ont lapidée.

Il faut que la justice et les médias jouent leur rôle. J'estime hautement ceux qui y travaillent : j'admire en eux les ambassadeurs de la vérité. J'espère qu'ils sauront faire fi des censures et qu'ils accompliront leur mission jusqu'au bout, en dépit de toutes les pressions.

Le prévenu n° 3

Le prévenu n° 3 n'est pas inculpé de complicité à ce jour. Mais je sais qu'il était avec les deux autres la nuit du crime. Marocain, il était âgé de seize ans au moment des faits. Récidiviste lui aussi, il était suivi par une juge pour enfants. Sa mère vit seule à Marseille dans une situation précaire, et il est pris en charge par les services sociaux qui l'avaient logé dans un studio du centre-ville. Il suivait des cours dans un lycée professionnel de Marseille. Depuis l'affaire de Ghofrane, il a été placé dans un foyer à Toulon, sous contrôle judiciaire.

La police a trouvé une lettre du prévenu n° 1 en prison. Elle disait : « P3, je n'ai pas envie de passer toute ma vie en prison pour la gadji. Va voir X., et dis-lui de témoigner que j'ai passé *zeb ouzaama* toute la nuit avec elle le soir du crime. » La fille n'a pas donné l'alibi, et elle a confirmé qu'elle savait que le prévenu n° 1 avait tué Ghofrane. Je sais que le prévenu n° 1 et le prévenu n° 2 ont envoyé une autre lettre au prévenu n° 3.

Je pense que la raison pour laquelle on lui adresse ces courriers est très simple : le prévenu n° 3 doit payer leur silence et les soutenir. Le prévenu n° 1 sait qu'il risque une grosse peine. Le prévenu n° 2 risque une peine pour complicité de meurtre. Au prévenu n° 3 de cambrioler et d'agresser des innocents pour acheter leur silence... D'ailleurs, ces détenus ne manquent de rien en prison.

Quand j'entends parler de projets de réforme pour un mieux-être des détenus, je me demande ce qu'on pourrait bien améliorer. Il serait plus judicieux de donner plus de moyens à la police et aux juges d'instruction, et aussi de prévoir des réformes concernant le statut des victimes de ces « pauvres » détenus...

Le prévenu n° 3 était dans la rue avec les jeunes quand nous allions enquêter la nuit. Et malgré le fait qu'il soit officiellement interdit de séjour à Marseille, sur les lieux du crime, et qui plus est sous contrôle judiciaire, je le vois encore souvent dans mon quartier. Le soir du réveillon, le 31 décembre 2004, il était en bas de chez moi, aux arrêts de bus du Centre Bourse. J'ai passé des vêtements et un chapeau grâce auxquels on pouvait difficilement me reconnaître, et je suis allée m'asseoir dans la rue pour l'observer. Il a passé la soirée à boire de la bière avec des amis, garçons et filles. Ils sont ensuite partis avec des bouteilles vers les allées Gambetta, et là, je les ai vus casser des voitures tout au long de la rue. Ce devait être leur manière de souhaiter la bonne année aux contribuables… Ce réveillon fut vraiment horrible. Ma fille était morte, et l'un des garçons suspectés de l'avoir tuée poursuivait ses exactions en toute liberté. À la maison, tout le monde pleurait.

Pour moi, rencontrer ce garçon dans la rue est devenu une obsession. La mère du prévenu n° 1 a été protégée par son déménagement. Moi, mère de la victime, je suis condamnée à vivre dans le voisinage des personnes qui ont brisé ma vie, faute de moyens. Une belle injustice.

Le « trio »

Les trois garçons ne se quittaient jamais. Ils étaient ensemble le jour où ils ont agressé le jeune conducteur de la Smart – ce qui avait valu au prévenu n° 2 d'être incarcéré. Ils étaient ensemble lorsqu'ils ont commis les actes générant les « différends de voisinage » pour lesquels ils sont appelés à comparaître, et pour lesquels le prévenu n° 1 s'était rendu à la police. Ils étaient également ensemble le jour où mon fils est tombé nez à nez avec le prévenu n° 1. En réalité, il se trouvait ce jour-là en face des trois principaux suspects du meurtre de sa sœur ! Pour moi, il ne fait aucun doute qu'ils étaient ensemble la nuit de l'assassinat.

Des tests psychiatriques montrent que le prévenu n° 1 et le prévenu n° 2 sont des multirécidivistes socialement dangereux, qui n'hésiteraient pas à commettre d'autres crimes si on les laissait en liberté. Repérés par les services sociaux et judiciaires, ils ont été identifiés comme n'ayant pas de troubles psychiques ou neuropsychiques. Ils sont responsables pénalement, et sont donc accessibles à une sanction pénale.

Je ne ressens pas de haine pour ces garçons. Seulement du mépris. Et de la pitié. Mes enfants vont grandir, ils vont faire leur vie et, pendant ce temps-là, eux ils seront en prison. Du moins je l'espère : il faut que justice soit faite !

Je ne sais pas pourquoi ces garçons ont lapidé Ghofrane. Je ne sais pas comment on en vient à lapider quelqu'un. Mais ce que je sais, c'est qu'il était *logique* qu'ils en arrivent là.

Lorsqu'un enfant naît, c'est une page blanche. Ce sont ses parents qui y tracent son destin. Pour moi, les parents peuvent être tenus responsables des méfaits de leurs enfants : il suffit qu'ils acceptent une fois un objet volé pour que les choses dégénèrent. On commence par voler, puis on agresse pour voler, puis on devient criminel. Le dicton le dit bien : « Qui vole un œuf vole un bœuf. » En entrant dans la délinquance, on entre dans un engrenage. La meilleure manière d'empêcher cette chute tient à l'éducation. Je ne le répéterai jamais assez : *la délinquance se traite à la maison*. Normalement, on ne devrait jamais avoir besoin de la police ou de la justice…

Je suis bien placée pour savoir qu'il n'y a pas de fatalité dans le fait qu'un enfant devienne ou non délinquant. Moi-même j'en ai fait l'expérience. J'ai découvert un jour que Chadia avait volé. Je lui avais pourtant donné beaucoup d'argent pour aller s'acheter des vêtements neufs : pourquoi voler alors qu'elle pouvait acheter ? Je me suis saisie des objets du larcin, et nous sommes partis pour le commissariat, Chadia, Naoufel et moi. J'ai demandé aux policiers, que je connaissais bien, de dresser un faux procès-verbal : je voulais que ce vol soit sanctionné d'une punition, pour effrayer ma fille. La leçon a porté ses fruits : mon enfant n'a jamais recommencé, contrairement à certaines de ses amies, qui ont fait de la prison.

Mais j'avais dû rendre la justice par mes propres moyens : le problème est que, souvent, le laxisme règne. En France, la police est désespérée : elle se fait insulter par des délinquants remis en liberté par les juges à chaque fois qu'on les arrête ! Les mineurs s'en sortent et sont placés sous « contrôle judiciaire », ce qui ne les empêche pas de recommencer leurs exactions sous l'œil des policiers impuissants. Les éducateurs sont dépassés eux aussi : ils subissent souvent des menaces de la part de leurs protégés.

Je comprends aujourd'hui pourquoi le commandant avait tenu à arrêter le prévenu n° 1 après sa majorité : la procédure aurait été tellement compliquée autrement ! Il a agi avec beaucoup d'intelligence et je l'en remercie.

En France, paradoxalement, ce sont parfois les lois qui paralysent l'exercice de la justice. La police ne peut rien contre les délinquants, et les parents sont eux aussi limités dans leur manière d'éduquer leurs enfants. Il y a une véritable crise de l'autorité parentale, qui est due en grande partie au manque de droits des parents à l'exercer ! Aujourd'hui, il est difficile de punir un enfant sans passer pour un parent indigne. Une gifle peut conduire au tribunal et, parfois, à la séparation des parents et de l'enfant ! Je peux citer le cas d'une famille de ma connaissance, dont la fille a porté plainte auprès d'une assistante sociale pour « menaces de violences ». Elle a été retirée du foyer parental pour être placée, malgré l'opposition des parents. En réalité, l'adolescente voulait uniquement fuir une famille un peu stricte et faire ce qui lui plaisait. Maintenant, effectivement, elle est libre de fumer du *shit*, d'avoir un petit ami délinquant et de devenir elle-même délinquante ce dont elle ne se prive pas. Ses parents sont les témoins impuissants de sa chute.

Car il y a aussi un problème avec les foyers dans lesquels on place les jeunes en rupture familiale. Le cas du prévenu n° 3 nous le montre : ce jeune fait ce qu'il veut ! Il n'existe pas de moyen de pression pour faire respecter les règlements intérieurs des foyers. Normalement, on n'accepte plus un enfant qui dépasse l'heure réglementaire, on dépose une déclaration de fugue au commissariat et on avertit le juge pour enfants qui le suit. Je me demande bien si ces démarches ont été effectuées... De plus, le prévenu n° 3 est censément interdit de séjour à Marseille. Alors comment est-il possible que ce garçon ne rentre qu'avec le dernier bus au départ du centre-ville ? Ce que je peux observer de chez moi, dont l'appartement donne sur la gare routière du Centre Bourse. Encore une fois, l'explication est simple : si les jeunes sont exclus des foyers, ils sont perdus pour les services sociaux. Mieux vaut alors tolérer leurs retards. C'est entre autres pour cette raison que je continue à vivre dans la crainte de rencontrer le prévenu n° 3, et les autres s'ils n'étaient pas incarcérés. Mais je me demande également en quoi consiste le travail des personnes chargées d'effectuer le contrôle judiciaire auquel ces jeunes sont normalement soumis. Apparemment pas à surveiller leurs déplacements...

On voit bien que, même entourés, les jeunes peuvent se permettre d'agir à leur guise. Mais que dire de ceux qui, comme le prévenu n° 2, ne sont pas en foyer, mais en hôtel meublé, faute de place ! Imaginer un mineur récidiviste placé par les services sociaux en pleine Canebière, avec pour voisins des voleurs, des maquereaux, des travestis et des prostitués, cela donne froid dans le dos.

Tous ces faits nous le disent assez : il y a vraiment des réformes à faire dans le suivi des jeunes récidivistes. Il faut soutenir la police dans son action et lui donner plus de moyens de remédier au fléau de la délinquance des mineurs.

Médiatiser l'affaire

Après notre visite au palais de justice, le 18 novembre 2004, les choses se sont accélérées. Soutenue par Ni Putes Ni Soumises, je me sentais prête à médiatiser le drame du meurtre de Ghofrane. Tout le monde devait être au courant. Les témoins avaient parlé le 22 novembre ; les garçons avaient été arrêtés le 23 novembre, et le prévenu n° 2 avait avoué avoir été présent sur les lieux du crime le 24 novembre. Mais il n'avait pas avoué sa participation au meurtre. Le prévenu n° 3 n'avait même pas avoué sa présence la nuit du meurtre. Et on n'avait pas retrouvé les filles. Il fallait faire du bruit et mobiliser tout le monde pour que tous les coupables soient jugés.

J'ai essayé de me faire des alliés partout dans mon entourage. Les bureaux de poste du centre-ville ont participé à ce grand mouvement de solidarité et j'ai reçu de nombreux courriers adressés tout simplement « à la maman de Ghofrane ». Les patrons d'*Info-Café*, un cybercafé du Vieux-Port, Sabine et Bernard, ont également été précieux : ils m'ont aidée à rédiger des prospectus et à imprimer des articles diffusés sur Internet, sans jamais accepter d'argent de ma part. Aujourd'hui encore, je suis très reconnaissante de tous ces signes d'amitié, qui m'ont poussée à persévérer.

De nombreuses personnes ont été émues par ma détresse, et je garde aujourd'hui encore des liens amicaux avec certaines personnalités. Un artiste en particulier m'a beaucoup aidée. Il s'agit de Jean-Jacques Goldman. Sa grande sensibilité et son amour de l'humanité l'avaient fait s'engager dans la lutte contre les violences faites aux femmes auprès de l'association Ni Putes Ni Soumises et il était venu manifester en hommage à Ghofrane lors de la troisième marche. J'avais été surprise par sa simplicité et sa douceur. Depuis, il avait toujours répondu à mes appels et m'avait consacré un temps précieux. Pour moi, c'est un véritable ambassadeur de la paix ; je le considère comme l'oncle de Ghofrane et comme mon propre frère. À la fin de l'année 2004, ce monsieur m'a envoyé ses vœux et m'a joué un tour en joignant un chèque à sa carte. Et moi qui avais refusé son aide auparavant ! Ce geste m'a beaucoup touchée, et j'ai décidé de garder l'argent pour le consacrer à Ghofrane.

Kokina, très affectée par la mort de Ghofrane, a souffert d'anorexie dans les mois qui ont suivi le décès. Elle est obsédée par ce qu'elle a vu à la morgue. Étant commerçante également – elle gère un bar et un salon de coiffure –, et par ailleurs maman de deux enfants, elle n'a pas hésité à laisser ses enfants à sa mère et à fermer ses commerces pour pouvoir m'accompagner tout au long de mon enquête. C'est un beau geste d'amitié que je n'oublierai jamais. Chaque jour, je remercie Dieu de m'avoir donné une amie aussi sincère, honnête et forte.

L'affaire a surtout pris de l'essor avec l'entrée en jeu des médias. À partir de l'audition des témoins, j'ai vu des dizaines de journalistes par jour. L'affaire faisait sensation.

Le lundi 22 novembre, j'avais décidé de recevoir les journaux : le matin, *Libération*, *Le Figaro* ; l'après-midi, *France Soir*. Le mardi 23 novembre, j'ai encore reçu *Détective*, *Marianne*, *Le Point*, *Le Canard Enchaîné*, *Elle*, *Le Choc*. *La Provence* a publié un article dans lequel le journaliste écrivait cette fois que « toute la ville se mobilisait pour cette jeune et jolie Marseillaise ». Une fois rendue à son statut de martyre, Ghofrane n'était donc plus tunisienne ?

Comme je l'ai déjà signalé, des journalistes ont questionné les témoins, mais leurs dires n'ont pas été publiés. La presse ne peut pas tout se permettre...

Puis j'ai été interviewée par les radios, *France Bleue* et *RMC*. J'ai aussi lancé un appel sur *France Info*, en direct à sept heures du matin. Je m'adressais à toutes les mamans de France, au nom de la maman en détresse que j'étais moi-même. Après avoir raconté toutes les horreurs qu'avait subies ma fille, j'ai annoncé notre troisième marche de protestation, celle du 27 novembre, en demandant à ce que tous les parents de France, quelle que soit leur nationalité, me soutiennent et viennent marcher avec nous en hommage à Ghofrane. Nous devions tous crier ensemble : « Non à la violence ! »

La télévision est également venue : *LCI*, *TF1*, *F2*, *F3*, *Canal +*, *Arte*, *M6*, *TV5*. J'ai participé à l'émission de Marc-Olivier Fogiel, *On ne peut pas plaire à tout le monde*, diffusée le 28 novembre 2004. Et dire que juste avant moi était invité un homme représentant *Al Manar*, une chaîne de télévision libanaise pro-Hesbollah... J'aurais aimé qu'on le rappelle sur le plateau, car j'aurais eu bien des choses à lui dire ! Durant mon intervention, j'ai mentionné l'existence des filles qui, selon moi, ont été complices du crime.

Des journalistes étrangers se sont également déplacés. Pour la Tunisie : *les Annonces*, *le Photographe*, *le Matin*, et d'autres journaux de Tunis. Tous leurs articles insistaient sur la lapidation. De nombreux magazines et journaux américains m'ont sollicitée, mais j'ai refusé de leur répondre. J'ai rapidement compris que, en cette période de guerre avec l'Irak, les journalistes auraient tendance à axer leurs articles sur le fait que la lapidation avait été effectuée par des musulmans. Je ne voulais surtout pas qu'on fasse d'amalgame. L'islam est une belle religion qui n'a rien à voir avec cette barbarie. Ces journalistes-là m'ont harcelée jusqu'en janvier 2005. De même, j'ai refusé de parler à la chaîne du Qatar, *Al-Jazira*, dont je n'approuve pas du tout les orientations.

J'ai parlé à beaucoup d'autres journalistes. Je peux encore citer *Jeune Afrique* et *Saïdati* – un magazine musulman anglais, mais j'avoue ne pas tous me les rappeler. J'étais dans un état second. Je sais ne pas avoir en ma possession tous les articles parus dans la presse, même si j'ai constitué un solide dossier depuis l'assassinat. Au bout d'un moment, j'ai fini par refuser de recevoir les médias. J'étais fatiguée et je devais me reconstruire. Mais jusqu'à présent, des journalistes continuent de me contacter.

D'autres se sont relayés à la maison pendant cette semaine. C'était vraiment trop éprouvant. J'ai quitté Marseille pour leur échapper, je n'en pouvais plus. Ils m'ont retrouvée à La Seyne-sur-Mer. J'étais épuisée, et mes enfants aussi.

Dans mon établissement, la robe de mariée de Ghofrane reposait sur une banquette, avec son diadème, les faire-part de mariage, des photos, des bougies et des fleurs. Des jeunes des cités de la ville sont venus me voir et m'ont dit : « Madame, on voudrait vous aider, mais on ne sait pas quoi faire… » C'étaient d'ailleurs ceux que j'avais exclus d'office de mon bar qui venaient me proposer leur aide… Un des jeunes, Faouzi, s'était même proposé comme chauffeur bénévole pour me conduire de La Seyne à Marseille. Je leur ai demandé de diffuser l'information pour la troisième marche et de ramener le plus de monde possible. Ils m'ont également dit qu'ils mettaient dix voitures à ma disposition.

Les commerçants aussi ont participé à la mobilisation : de nombreuses affiches avec la photo de Ghofrane, la date de la marche et mon numéro de téléphone ont été placardées sur les vitrines. J'ai de ce fait reçu beaucoup de fleurs et des SMS de soutien. La police seynoise est également venue nous présenter ses condoléances. Je suis résolument marseillaise de cœur, mais seynoise d'adoption... Du Var, au moins trois cent cinquante personnes se sont rendues à Marseille pour notre troisième marche.

La France marche pour Ghofrane

Dans cette folie médiatique, j'étais devenue une actrice de premier plan, mais l'association Ni Putes Ni Soumises et moi voulions préserver nos forces pour un grand coup d'éclat : le 27 novembre 2004, à l'occasion de la Journée internationale contre les violences faites aux femmes, nous marcherions en hommage à Ghofrane. Il fallait faire du bruit. J'ai signé à Ni Putes Ni Soumises une autorisation stipulant que l'association pouvait représenter l'affaire et y associer ses revendications, tout en respectant quelques-unes de mes exigences : que la marche parte de la porte de l'immeuble où avait vécu Ghofrane, au Centre Bourse, et que chaque participant défile en se comportant de manière citoyenne.

La marche était prévue depuis longtemps, mais j'avais fait une demande expresse aux associations et aux syndicats : que tous marchent sans slogans, ni banderoles cette année-là ; que cette marche soit une marche de citoyens et non pas une marche de mouvements.

Les renseignements généraux m'ont appelée alors que, une fois de plus, les démarches avaient été effectuées dans les règles. On se demandait pourquoi nous voulions organiser une troisième marche… Pourquoi nous nous étions jointes à l'association Ni Putes Ni Soumises… Pourquoi nous voulions faire autant de bruit. J'ai pour la énième fois raconté toute mon histoire depuis le début : ma fille avait été lapidée dans des conditions atroces, elle avait été brutalisée, son crâne avait été broyé par les pierres. J'ai fini par dire que cette troisième marche, je souhaitais la faire pour envoyer un message à toutes les mamans. Pour que tous puissent entendre l'appel de la mère désespérée que j'étais. Au bout du fil, la personne s'est radoucie, j'avais réussi à l'émouvoir. J'ai faxé une nouvelle demande : la réponse a été positive. La rue s'indignait, la justice et la police travaillaient d'arrache-pied et les médias se bousculaient à notre porte. Ghofrane devenait un symbole des violences faites aux femmes…

Mais à 13 h 30, le parvis de l'immeuble était toujours vide, alors que la manifestation devait débuter à 14 heures... On voyait juste les dizaines et les dizaines de photographies de Ghofrane que nous avions suspendues tout autour du Centre Bourse, avec l'accord de la direction du centre commercial. C'était pourtant de là que devait partir le cortège. Ma fille Iman s'est affolée : elle était persuadée que personne ne viendrait. D'après elle, j'avais fait trop de bruit, et les gens n'avaient plus envie de se déplacer. Elle avait peur des menaces et elle avait honte que tout le monde parle de nous. Comme mes autres enfants, elle avait mal vécu le fait de voir des journalistes tous les jours à la maison.

Mais peu après, ses appréhensions s'envolèrent : il y avait bien dix mille personnes dans la rue. Je ne voulais pas qu'on démarre, car la coordinatrice de la mairie de Marseille n'était pas encore arrivée. Cette dame avait été tellement présente depuis la mort de Ghofrane que je ne m'imaginais pas l'oublier dans un moment pareil. Or nous avons appris qu'elle avait rendu visite à la famille du boulanger qui venait d'être assassiné à Marseille, en compagnie de M. Gaudin. Je voulais leur dire un grand merci pour leur soutien moral, et aussi pour leur participation active à mon « enquête »... Mais ils avaient une autre chose très importante à faire ce jour-là. Nous sommes donc partis.

Je me retournais sans cesse vers Iman : les gens avaient entendu mon appel, j'avais eu raison ! Marseille marchait pour Ghofrane. C'était bon de voir qu'autant de monde compatissait à notre douleur et nous aidait dans notre lutte. Dans les cortèges, on pouvait voir autant d'hommes que de femmes. Et beaucoup de jeunes.

Je tiens d'ailleurs à remercier la SNCF, qui pour l'occasion a offert cent trajets Paris-Marseille aux manifestants souhaitant nous rejoindre. C'est, encore une fois, une marque de soutien qui me met du baume au cœur.

Les manifestants ont joué le jeu : seuls les draps de mariage et les cartons que nous avions utilisés pour les autres marches ont été brandis par les cortèges. Nous avons remonté les allées Gambetta jusqu'à l'église des Réformés, puis nous sommes descendus vers le Vieux-Port.

De nombreuses personnalités étaient présentes. Des cinéastes, des journalistes, des acteurs, des chanteurs. Les personnes qui avaient connu Ghofrane marchaient également : des professeurs, ses camarades de classe, des voisins, des amis. Et bien sûr, des associations, qu'elles soient féministes ou tout simplement humanistes. J'ai parlé à tellement de monde que je suis incapable de citer toutes les personnes qui étaient présentes ! Mais je les remercie d'être venues et de nous avoir accompagnés, en espérant qu'ils se reconnaîtront. Certaines personnes m'ont particulièrement marquée : le grand artiste dont j'ai déjà dit la générosité, Jean-Jacques Goldman ; Djamila Aït Abbas, mariée de force et violentée en Algérie, avec qui je garde de fréquents contacts ; et Rania Elbaz, la speakerine saoudienne défigurée par son mari jaloux. Cette dernière m'a longuement parlé de la clémence divine. Elle m'a rappelé que Ghofrane signifiait « le pardon » et que je devais donc pardonner, que Dieu jugerait les coupables. Elle m'a aussi répété ce que les imams m'avaient dit lors des funérailles de Ghofrane, à savoir qu'elle était morte pendant le ramadan et dans des conditions qui faisaient d'elle une martyre : elle était très certainement au paradis.

Une fois arrivés au Vieux-Port, les amis de mon fils ont fait une démonstration de capoeira en l'honneur de Ghofrane. La mairie avait apporté un soutien logistique important, et des tatamis les attendaient quai de la Fraternité. Pour ma part, j'avais apporté les accessoires du mariage, qui devait avoir lieu une semaine plus tard, le 5 décembre. Des centaines de personnes ont déposé des bougies autour des tatamis. Nous avons distribué à tous des faire-part du mariage, sur lesquels était inscrit « non à la violence ». Ghofrane étant capoeiriste, cette démonstration à sa mémoire était très importante. Pour son mariage, elle avait prévu de retirer sa robe blanche immédiatement après la cérémonie et d'enfiler un *abada* pour faire une représentation avec ses amis... Elle n'a pas eu l'occasion de le faire, mais ses proches l'auront fait pour elle.

Après le spectacle de capoeira, j'ai pris la parole. J'avais surtout un message à transmettre. J'ai pris tous les parents de France à partie en leur rappelant ce que je ne cesserai jamais de clamer : la délinquance se traite à la maison ! Gardez vos enfants à la maison quand vient le soir. La foule m'écoutait et, tout autour de moi, des hommes et des femmes frissonnaient, révoltés et déterminés à lutter contre la violence.

Cette marche a eu une grande audience, notamment grâce aux médias qui ont couvert l'événement et réalisé de nombreux articles et reportages. La France était au courant.

Même épuisée, j'avais marché la tête levée vers le ciel : Ghofrane devait voir tous ces gens venus marcher pour elle depuis son paradis. Elle était dans le cœur des Français. J'avais tenu ma promesse et la lutte continuait.

Les répercussions juridiques

J'étais entrée dans un nouveau combat, un de plus : un combat juridique. Après les témoignages des quatre filles et avec tous les éléments dont nous disposions, j'avais espéré atteindre mon but : que tous les assassins soient arrêtés et qu'ils soient punis à la mesure de leur crime. Je rêvais de justice et d'équité. Malheureusement, il n'est pas évident d'attaquer en justice, et encore moins lorsqu'on dispose de revenus très bas ! Je ne suis qu'une mère, seule face à la grande machine de la justice.

« Mme Haddaoui, qu'est-ce qu'une lapidation ? »

Les choses avaient bien avancé après la manifestation : le juge d'instruction acceptait de me recevoir le 23 décembre 2004.

Ce jour-là, nous sommes partis nombreux pour le palais de justice : après tout, il fallait bien que la justice tienne compte de ce qu'avait à dire mon « équipe d'enquête parallèle ». Mes deux avocats, mes proches et moi avons été reçus, mais pas l'avocate de Ni Putes Ni Soumises.

Dès le début de l'entretien, le juge d'instruction me posa la question suivante : « Mme Haddaoui, pour vous, qu'est-ce qu'une lapidation ? » Le terme était une fois de plus mis en cause. Je ne savais rien : je ne me laisserais pas entraîner sur le terrain de l'islam et de l'accusation. Tout ce que je pouvais dire, c'est ce que j'avais pu lire dans les dépositions du prévenu n° 1 en consultant le dossier avec mon avocat. Le garçon avait dit avoir « lapidé » ma fille, et l'autopsie prouvait que la boîte crânienne avait été fracassée suite à des jets de pierres. J'ai également tenté de le convaincre d'un fait : pour lapider ma fille, il avait fallu deux équipes, une pour la tenir et une autre pour jeter les pierres. Si elle avait été assommée, ou évanouie, tout son visage aurait été abîmé, ce qui n'était pas le cas.

La greffière notait tout ce que je disais. J'ai aussi évoqué l'autopsie qu'on a fait subir à Ghofrane sans mon consentement. Découvrir ses bras, son abdomen et son crâne entaillés avait été pour moi un choc supplémentaire. Elle avait été vidée de ses organes et on avait extrait jusqu'à ses ovaires ! C'était horrible de songer que, après son martyre, un médecin légiste avait continué d'abîmer son pauvre corps. Mais le juge d'instruction m'a répondu que l'autopsie était un protocole.

Je ne fus pas du tout satisfaite de cette réponse. Une fois de plus, je parlai des pierres. Je voulais savoir pourquoi la police n'avait pas ramassé toutes les pierres, dont vingt-huit étaient chez moi. Le juge d'instruction a réagi vivement : il voulait ces pierres ! Il a annoncé à mon avocat que je devais les lui remettre, sous peine d'être arrêtée. Mais pourquoi étais-je susceptible d'arrestation ? J'avais trouvé ces pierres et je les avais ramassées. J'ajoutai que j'avais mené une enquête dans la rue avec mes enfants, et surtout qu'une enquêtrice de justice avait reçu le témoignage du prévenu n° 3 sans qu'il soit inquiété. À ce sujet, le juge d'instruction fut intraitable : je ne pouvais rien faire. Mais je pense avoir été entendue. Il m'a d'ailleurs assuré de la confiance qu'il avait en moi depuis la réussite de mon enquête. La seule chose qui le gênait était la médiatisation de l'affaire, ce que je comprends tout à fait : il est difficile de travailler sereinement sous l'assaut des médias. D'un autre côté, je pense que sans les médias l'affaire aurait pu être étouffée…

Mais le fait le plus marquant de cette rencontre reste l'intervention de l'assistante de maître S. Celle-ci avait relevé quelque chose. Elle exposa au juge d'instruction que, certes, l'appellation du crime était passée de « crime passionnel » à « homicide volontaire », ce qui constituait un progrès inévitable pour l'accusation. Toutefois, au vu des dépositions des complices, il ne s'agissait plus d'un « homicide volontaire », mais d'un « acte de barbarie en réunion », ce qui impliquait une peine sans considération de la minorité des prévenus.

Le juge d'instruction a acquiescé. Il a conclu cet entretien en me disant que ce dossier était vivant, mais que je devais rester vigilante à ne pas le tuer dans l'œuf. Moi qui me plaignais qu'une enquêtrice de justice protège une personne possiblement impliquée dans une affaire de meurtre et que les équipes scientifiques ne ramassent pas les pièces à conviction d'un assassinat, je devais ronger mon frein et n'attaquer ni la police ni la justice.

En sortant de cet entretien vers 14 heures, j'étais plutôt apaisée. Si la lapidation ne pouvait être retenue comme chef d'accusation, j'étais tout de même satisfaite qu'un crime à dénomination explicite soit imputable aux assassins de Ghofrane. Enfin, on se rapprochait de la réalité, bien loin du mensonger « crime passionnel »…

Je veux que ce dossier vive. Tant que l'enquête est ouverte, ce dossier vit. En moi, ce dossier vit. Et je ferai tout pour qu'il continue de vivre, jusqu'à ce que tous ceux qui ont bafoué la mémoire de Ghofrane soient punis. L'erreur est humaine : il peut arriver à tout le monde de se tromper, qu'on soit juge, policier ou mère de famille. Mais il faut admettre ses erreurs pour qu'elles puissent être rectifiées. Si certaines erreurs ont été commises, mes proches et moi nous sommes attelés à les mettre au jour. Maintenant, j'aimerais qu'on reconnaisse qu'il y a eu des ratages dans l'enquête au sujet du meurtre de Ghofrane. J'espère vraiment entendre un jour : « Mme Haddaoui, nous nous sommes trompés. Excusez-nous. » Je n'attends qu'une chose, en réalité : pouvoir pardonner.

La situation actuelle

L'enquête sera bientôt close, mais pour moi, la justice est encore loin d'avoir tous les éléments pour la démêler. Je regarde beaucoup de films et de documentaires ayant pour sujet la résolution de crimes et, souvent, je note des procédés qui pourraient faire avancer notre situation… Mais mon avocat me répète : « Mme Haddaoui, nous sommes en France, pas aux États-Unis ! Il est interdit d'agir de cette manière selon le Code pénal français… »

La reconstitution du crime a eu lieu le 23 janvier 2006. Mais pour moi, l'enquête reste ouverte.

Dans le premier relevé d'expertise des traces biologiques, seuls les éléments renvoyant à Ghofrane avaient été analysés. Il était indiqué à la fin du rapport qu'un « complément d'analyse » pouvait être réalisé. Je l'ai demandé, et j'ai reçu les résultats en septembre 2005. L'ADN du prévenu n° 1 a été identifié formellement : il avait laissé des cheveux et des traces de sang humain sur les vêtements de Ghofrane. Mais il restait deux ADN non identifiés, qui n'étaient ni ceux de Ghofrane, ni ceux des prévenus n° 2 et n° 3. Des cheveux avaient été retrouvés dans les effets de Ghofrane. Malheureusement, nous n'avons pas plus de renseignements sur les personnes qui ont laissé ces traces ADN... Il n'est même pas précisé s'il s'agit d'hommes ou de femmes, alors que dans le premier rapport les tests ADN avaient permis de reconnaître le profil d'une personne de sexe féminin... Les tests ADN sont très coûteux, et c'est pour cette raison que je ne peux pas faire en sorte qu'on approfondisse la chose. De même, seules les trois pierres mises sous scellés par l'équipe scientifique de la police ont été analysées. Or les vingt-huit autres qui sont chez moi livreraient peut-être bien des secrets, si on prenait la peine de les faire analyser...

Je n'ai jamais rendu ces pierres. Je ne les rendrai pas : je sais qu'elles parleront un jour. Mais à présent, elles ne peuvent plus être analysées comme les autres. Les avoir gardées si longtemps en ma possession les rend douteuses : et si j'y avais apposé des ADN pour inculper certaines personnes ? La seule chose que je désire est retrouver l'ADN du prévenu n° 2, du prévenu n° 3 et des filles sur ces pierres, afin de prouver qu'ils ont bel et bien participé au meurtre de Ghofrane. Je me demande comment on imagine que je puisse me procurer leur ADN dans le but de « trafiquer » les pièces à conviction...

Je regarde ces pierres tous les jours en me levant à 4 heures du matin, avant d'aller travailler. Ces pierres qui ont brisé ma vie. Ces pierres qui m'ont arraché ma fille. Ces pierres qu'on a « oublié » de ramasser...

Punir les coupables

Alors que la police dispose de preuves irréfutables de l'implication des prévenus, sans compter leurs aveux, tous se rétractent et préfèrent dénoncer leur voisin... Le prévenu n° 1 dit même que ce n'est plus lui le coupable. Il dit que c'est le prévenu n° 2 : il lui aurait prêté des vêtements avant le meurtre, et c'est pour cette raison qu'on pouvait croire que c'était lui, et non pas l'autre, qui était coupable... Cette histoire de vêtements, même si elle relève de l'affabulation, est intéressante, car le prévenu n° 2 en parle également : il dit que le prévenu n° 1 serait allé se changer et mettre des vêtements sombres juste avant de tuer Ghofrane, ce qui induirait une préméditation du crime...

Pour moi, le jugement réglera le sort des prévenus actuels. Cependant, d'autres personnes que je pense impliquées dans le meurtre de Ghofrane sont toujours dans la nature... Tout d'abord les deux filles qui l'ont appelée le soir où elle a disparu. Ces deux filles dont nous ont parlé les témoins, et même les prévenus. Ces deux filles qui ont entraîné Ghofrane dans ce guet-apens fatal. Mais je crois qu'il faudrait également que la justice se penche davantage sur le cas d'un fiancé qui a passé la soirée « avec son oncle », la nuit où sa promise se faisait massacrer...

J'ai rencontré de nombreuses personnes et j'ai entendu beaucoup de choses. J'ai enquêté, j'ai prospecté et j'en suis arrivée à la conclusion suivante : les circonstances du crime ne peuvent pas être celles décrites par le prévenu n° 1 et le prévenu n° 2.

Mon hypothèse est que Ghofrane n'est pas arrivée au Grand Littoral en bus, mais en voiture. Dans la Smart volée quelque temps auparavant. Le prévenu n° 1 et le prévenu n° 2 mentent – et mal, car leurs dépositions ne sont pas cohérentes – pour protéger d'autres coupables.

Mon hypothèse s'appuie sur plusieurs faits. Tout d'abord, sur la déclaration d'une des témoins, qui m'a dit avoir vu les trois garçons dans cette voiture ce soir-là. Elle a par ailleurs affirmé être certaine que Ghofrane avait été emmenée au terrain vague dans cette même voiture.

Ensuite si le terrain vague est aujourd'hui sécurisé, on pouvait, au moment du crime, y accéder à partir d'une voie rapide. De grandes ouvertures y menaient et un portail coulissant pouvait également être ouvert. Il était très facile pour une petite voiture comme la Smart d'entrer dans ce terrain et de se garer juste à côté des voies d'accès, c'est-à-dire près des bassins. Il est de toute façon plus compréhensible que Ghofrane ait été assassinée à cet endroit si on retient cette hypothèse que si l'on s'en tient aux itinéraires fictifs du prévenu n° 1. On aurait de plus retrouvé des traces de lutte et des pas dans la boue s'ils étaient vraiment passés par la colline, ce qui n'est pas le cas.

De même, les dépositions des trois garçons se contredisent : à aucun moment ils ne mentionnent les mêmes numéros de bus, ni les mêmes horaires.

L'un des arguments qui ferait pencher en faveur du prévenu n° 1 est le fait que la carte de transports de Ghofrane a été poinçonnée le 17 octobre 2004 à minuit et demi pour la dernière fois. C'est effectivement l'heure de départ au Centre Bourse du dernier bus 526 en direction des quartiers nord. Mais c'est également l'heure de passage à l'arrêt de La Viste du dernier bus 526 à destination du Centre Bourse, dans l'autre direction... Il n'est pas possible de savoir dans lequel de ces deux bus la carte a été poinçonnée. Ce qui n'exclut pas l'éventualité qu'une autre personne ait utilisé la carte de Ghofrane à minuit et demi cette nuit-là.

Pour moi, la chose est claire. Ghofrane n'est jamais sortie avec le prévenu n° 1. Elle n'a jamais pris le bus avec lui et le prévenu n° 2. Elle n'est jamais descendue à l'arrêt de La Viste et n'a jamais emprunté les chemins de terre de la colline pour rejoindre la cité du prévenu n° 1. Elle n'a pas changé d'avis en cours de route et le prévenu n° 1 ne s'est pas vengé en la tuant.

Le meurtre était prémédité. Une des témoins a par ailleurs dit que, un soir de la semaine qui a précédé le meurtre de Ghofrane, le prévenu n° 1 l'avait annoncé. Il avait dit : « Je vais tuer une fille. » Personne ne l'avait cru, et tout le monde avait ri.

Ce n'était pas une plaisanterie. Ghofrane a été désignée comme victime. Deux filles l'ont appelée, elle les a rejointes. Elles l'ont emmenée jusqu'à la voiture. Le groupe est parti pour le terrain vague du Grand Littoral, sauf une personne qui a pris le bus. La voiture a été garée près des bassins, et Ghofrane a été lapidée.

J'ai fait appel à un huissier de justice pour qu'il effectue des relevés sur les lieux du crime. Je veux faire constater que les indications de distance et de durée données par le prévenu n° 1 ne sont pas valides. Un plan n'y suffirait pas : on n'y a pas conscience du relief. J'attends ses conclusions pour les faire assermenter.

La reconstitution

La reconstitution devait avoir lieu en novembre 2005, mais je m'y suis opposée. Procéder à la reconstitution signifiait fixer la date du procès et clore l'enquête. Mais pour moi, ce dossier vivait toujours…

La date en a seulement été reportée au 23 janvier 2006, à mon grand regret, car les inculpés étaient mineurs au moment des faits, et la justice est tenue de juger les crimes de mineurs dans un délai de deux ans maximum.

Pour moi, la reconstitution idéale devait avoir lieu dans les conditions les plus proches possibles de celle du crime. Cela signifiait que chacun des garçons, isolément, prenne le bus 526 de minuit et demi au Centre Bourse jusqu'à La Viste. Ensuite, on aurait observé leur manière de rejoindre les bassins du terrain vague. Auraient-ils pris le chemin indiqué par le prévenu n° 1 dans sa déposition, derrière le lycée de La Viste ? Auraient-ils descendu le petit chemin rocheux ?

J'aurais aussi voulu que le juge d'instruction emprunte l'itinéraire du prévenu n° 1 : cela aurait été la seule manière de lui faire comprendre à quel point toute sa déposition est improbable.

Seulement, ce n'est pas ma reconstitution qui a eu lieu, mais ce que j'appelle un simulacre : une voiture de la police a amené le prévenu n° 1 et le prévenu n° 2 jusqu'au terrain, et on leur a demandé de reproduire le crime sur une poupée. Je n'avais rien à attendre d'une telle comédie...

J'ignorais que la séance devait avoir lieu à ce moment-là. Mon avocat m'avait appelée le vendredi 20 janvier pour me donner rendez-vous le lundi suivant à 11 heures. Dès mon arrivée, il m'a annoncé la nouvelle : la reconstitution aurait lieu l'après-midi même...

Je n'étais pas conviée à cette séance, mais comment empêcher une mère de vouloir tout savoir sur le meurtre de sa fille ? Si on souhaitait que je sois absente, c'était pour me protéger et pour empêcher que je n'entrave le bon déroulement des choses. Mais de quoi voulait-on me protéger ? J'avais vu le crâne de ma fille en miettes, tous les jours jusqu'à la mise en bière ; je continuais de croiser le prévenu n° 3 dans mon quartier... Que pouvait-il y avoir de pire ? En quoi la reconstitution pouvait-elle me blesser ? Au contraire, je devais y assister. J'avais besoin de savoir.

Le juge d'instruction avait pourtant raison de vouloir m'écarter : ce que nous y avons vu fut épouvantable.

La scène a duré de 13 heures à 18 heures. Je ne suis arrivée qu'à 15 heures, accompagnée de Naoufel, d'Aziz, et d'Olga. Le prévenu n° 1 avait déjà effectué sa part de la reconstitution, niant tous ses aveux. C'était au tour du prévenu n° 2. Nous étions garés à proximité du bassin, devant la grille qui donne sur la voie rapide. Nous sommes sortis pour mieux voir comment se déroulaient les choses, mais je n'ai pas pu supporter ce spectacle. Ça a été terrible. J'avais l'impression que mon cœur allait lâcher. Je suis rentrée dans la voiture avec Olga. Nous avons vu de loin le prévenu n° 2 s'approcher de l'endroit où Ghofrane avait été lapidée. Il y avait beaucoup de policiers tout autour.

Mais mon fils était hors de lui. Il s'est précipité dans l'enceinte du terrain et a menacé le prévenu n° 2. Tout le monde criait. Aziz m'a dit : « Je crois que Naoufel se fait frapper par des policiers », mais il s'était trompé : au contraire, ils le soutenaient. Nous sommes retournées tout contre la grille, sans entrer. Le prévenu n° 2 était à genoux, la tête baissée, et mon fils lui criait dessus. Il le menaçait, et il lui disait aussi : « Vous l'avez tuée, mais dites au moins la vérité. Réfléchissez bien ! Réfléchis avec ton collègue, en prison ! » J'ai rejoint Naoufel et j'ai dit : « Laisse-le, il n'en vaut pas la peine. En tout cas, il est privé d'une chose, de la plus belle chose qui soit : LIBERTÉ ! » J'ai crié ce mot comme une folle, « Liberté ! Liberté ! », et mes paroles ont résonné dans tous les environs comme une menace.

Les policiers tenaient mon fils et lui disaient : « Laissez-le, vous ne voyez pas qu'il ne sait plus où se mettre ? Vous ne voyez pas qu'il baisse la tête ? Il ne vaut rien, laissez-le. » Naoufel est tombé. Les policiers l'ont accompagné vers la plaque, qu'il a embrassée.

Mon avocat était fâché. Il m'a dit : « Mme Haddaoui, vous m'avez trahi. Laissez le juge d'instruction faire son travail ». Mais moi, je persistais : ceci n'était pas une reconstitution. Il fallait la faire la nuit, en partant d'en haut de la colline, dans les conditions qu'avait mentionnées le prévenu n° 1. Ce qui se passait sous mes yeux était une mascarade.

Nous avons fini par nous éloigner du lieu du crime pour observer les gestes du prévenu n° 2 à partir d'un parking à proximité. Et nous avons tout vu. Il était menotté quand on l'a amené à l'endroit où a été torturée Ghofrane. On lui a ensuite enlevé les menottes, et on lui a demandé de faire ce qu'il avait « vu faire » sur un mannequin. C'était stupéfiant : il a effectué exactement les gestes avoués par le prévenu n° 1 dans ses auditions avec la police. Il a jeté des pierres et a frappé le sac avec les pieds. Tous sont ensuite descendus là où le corps de Ghofrane avait été retrouvé, et nous n'avons pas pu voir ce qu'ils y faisaient. Après, nous sommes retournés vers le chemin de La Viste.

Le prévenu n° 2 avait été placé dans une voiture. Le juge d'instruction nous a vus par deux fois passer devant lui…

Quant au prévenu n° 3, il n'était pas convié à la reconstitution… Ce qui ne l'a pas empêché d'être présent. À un moment, une voiture, une Golf conduite par un jeune homme d'origine française, a rejoint le parking où nous nous tenions. Olga m'a donné un coup de coude : à la place du passager, le prévenu n° 3 regardait attentivement vers le terrain vague. J'ai préféré ne rien dire à mon fils : il l'aurait tué, sans aucun doute. Ils ont fini par se rendre compte de notre présence et sont vite repartis. J'ai été très choquée par cet incident et j'ai espéré de tout cœur qu'il soit auditionné aux Assises avec les autres, afin que sa culpabilité soit établie.

Le soir, mon avocat m'a appelée. Il m'a confirmé les conclusions de la reconstitution. Même si je trouve que tout a été faussé, la justice va dans mon sens : il a fallu plusieurs personnes pour lapider Ghofrane, car autrement elle se serait enfuie, et de plus, tout son visage aurait été touché par les pierres, ce qui n'a pas été le cas. Elle a été poursuivie par ses assassins sur une longue distance. Les meurtriers se sont acharnés sur elle. Toutes les personnes qui y ont assisté m'ont dit que l'atrocité des faits dépassait leur imagination. J'ai été très mal. Je n'avais quasiment plus d'oxygène dans le sang et j'ai dû utiliser un appareil pour aider ma respiration. Tout cela était trop, beaucoup trop.

La qualification du crime

Le procès-verbal était consultable quinze jours après. J'avais deux recours : soit j'étais d'accord avec les conclusions, soit je choisissais de faire obstruction à la justice.

J'ai eu rendez-vous avec le juge d'instruction le 9 mars 2006. Je voulais connaître les bases sur lesquelles s'engagerait le procès. Ma décision était prise : si la qualification de « crime barbare » n'était pas retenue, je m'apprêtais à entamer une grève de la faim.

Je ne pourrai jamais pardonner le meurtre de ma fille. Tou ce que je veux, à présent, c'est la vérité. J'en ai besoin pour pouvoir faire mon travail de deuil. J'ai besoin de comprendre : pourquoi un tel acharnement de violence ? Pourquoi ?

J'attends beaucoup du procès et j'espère qu'il s'y passera des choses. Pour mon avocat, la reconstitution n'est pas très importante. Il compte sur le caractère officiel du procès pour faire avouer les prévenus à la barre.

Se reconstruire

La mairie de Marseille a fait poser une plaque commémorative à la mémoire de Ghofrane au terrain du Grand Littoral. La date initialement prévue pour l'inauguration était le 18 octobre 2005, date anniversaire de sa mort, mais j'ai préféré qu'on lui rende hommage le jour anniversaire de sa naissance, le 9 février 2005. Je ne voulais pas que cette plaque fasse l'effet d'une pierre tombale. On l'a donc posée le jour où elle aurait eu vingt-quatre ans.

Le texte a été rédigé par la mairie : « Ici est décédée Ghofrane le 18 octobre 2004. Elle avait vingt-trois ans. Souvenons-nous d'elle ». Un jour, je le modifierai. « Décédée » est insuffisant. C'est « lapidée » qu'il aurait fallu inscrire, ou, du moins, « assassinée »…

Les représentants de la mairie étaient présents – le Dr Bourgat, Mme Sabine Bernasconi et Mme Samia Ghali, ainsi que M. le consul de Tunisie. Assistaient à la cérémonie ma famille et ses proches, les amis de Ghofrane et son fiancé – derrière ses éternelles lunettes noires –, mais également des journalistes de la première chaîne de TV allemande. Ils ont réalisé un reportage sur le meurtre de Ghofrane, filmant notamment l'activité des jeunes autour du Centre Bourse la nuit et, une fois de plus, les pierres que j'ai en ma possession. *F3* et *M6* étaient également sur place pour rendre compte de la cérémonie.

Ce jour-là fut très important pour nous. Ghofrane est enterrée en Tunisie, auprès de son père, mais nous, sa famille, avons besoin de pouvoir lui rendre visite régulièrement. Et cette plaque est désormais la stèle sur laquelle nous nous recueillons. Je tiens à assurer une fois de plus la mairie de Marseille et le propriétaire du terrain de toute ma gratitude. Leur soutien est de ceux qu'on n'oublie pas.

J'avais peur que certaines personnes mal intentionnées ne commettent des actes de vandalisme sur cette plaque. Jusqu'à présent, grâce à Dieu, personne n'a attenté à la mémoire de ma fille. Au contraire, tous ont respecté cet endroit en tant que lieu de recueillement, et nous y avons retrouvé des fleurs et des lettres...

Une famille ébranlée

Ma famille a beaucoup souffert de la mort atroce de Ghofrane. Chacun en a conçu des troubles particuliers. Mais si, dans la plupart des cas, nous avons trouvé un moyen d'évacuer notre hargne, il est évident qu'il n'y a pas de recette miracle pour se sortir de l'horreur dans laquelle nous a plongés la mort de notre chère Gogo. Et certains d'entre nous ont vraiment sombré à la suite de son horrible décès.

« *Madame Souffrance* »

Chadia s'en était à peu près bien sortie jusqu'au jour où elle a craqué. Elle a sombré dans l'alcool et le haschisch. Ce n'était pas bien compliqué : on peut en trouver partout, cela se vend ouvertement dans les rues du centre-ville… Le haschisch a envahi Marseille, c'est un commerce qui rapporte gros : ceux qui en vivent gagnent jusqu'à vingt mille euros par jour ! La plupart des gens prennent cette drogue à la légère, comme si « un petit joint, ça n'était pas bien dangereux », mais c'est bel et bien une drogue.

Un an après la mort de sa sœur, Chadia était devenue suicidaire, paranoïaque et hystérique. Elle se comportait comme si Ghofrane était toujours en vie : elle lui préparait du café et elle dormait toutes les nuits au terrain du Grand Littoral, « avec elle ». Ma fille était écorchée vive. J'ai vraiment eu peur : l'ombre des assassins de Ghofrane planait sur Chadia, on allait me la prendre elle aussi… J'ai prié Dieu la nuit et j'ai repris le combat.

Chadia était dans une situation tellement difficile que j'ai décidé de recourir à une HDT – Hospitalisation à la demande d'un tiers… Juste après son hospitalisation à la Timone, son médecin, le Dr Totoyon, m'a dit que ses neurones étaient atteints : Chadia n'était plus que l'ombre de la jeune fille qu'elle avait été. C'est très douloureux pour une maman de voir son enfant à l'hôpital psychiatrique. Mes enfants m'ont reproché d'avoir fait enfermer ma fille. Mais cela était nécessaire. Je leur ai dit : « Si vous voulez l'aider, soutenez-moi dans ma démarche. » Une fois de plus, ils m'ont écoutée.

Iman a pris un mois de congé pour s'occuper d'Inès, Naoufel et ses amis capoeiristes allaient voir Chadia à l'hôpital. Johnny nous soutenait tous à la maison. Il m'accompagnait aussi quand j'allais travailler à 4 heures du matin : il me parlait et me déculpabilisait. Il a pris mon parti à cent pour cent : j'avais fait le bon choix, et j'étais en train de la sauver de la destruction et du suicide.

Au cours de son hospitalisation, Chadia a été placée en cellule d'isolement à deux reprises, car elle avait été très agressive envers d'autres personnes : la première fois, c'était envers un malade qui voulait lui prendre ses cigarettes, et la deuxième fois, envers deux filles qui la menaçaient en lui disant qu'elles faisaient de la boxe. Elle leur avait répondu : « Je vais vous montrer ce que c'est que la boxe de la rue », et elle les avait démolies...

Naoufel pleurait, il voulait qu'on la retire de là, mais j'étais intraitable. Il en allait de son bien. J'ai eu l'impression de perdre un autre de mes enfants. Son médecin m'a expliqué que si chacun de nous avait trouvé un domaine où se réfugier (dans la capoeira pour Naoufel, dans la danse pour Iman ou dans le combat juridique pour moi), Chadia n'avait eu comme recours que les substances qui la mettaient dans un état second.

Le Dr Totoyon et son équipe ont fait un travail formidable. Petit à petit, elle s'est mise à parler, puis à pleurer. C'est une chose qu'elle n'avait encore jamais faite depuis la mort de Ghofrane. Il y avait une nette amélioration. Chadia marchait dans le parc et réclamait sa fille, et elle allait tous les jours à la cafétéria. Mais elle avait changé : elle se déplaçait comme un robot et de la salive coulait le long de son menton. Je souffrais énormément de la voir dans cet état, mais je m'efforçais de n'en rien laisser paraître.

Le 18 octobre 2005, à la date anniversaire de la mort de Ghofrane, Souri a tenu à aller lui rendre visite avec moi. Naoufel était à ses côtés avec des amis, et nous avons pris le relais. En nous voyant arriver, elle a annoncé au docteur : « Voilà Souri, des Ni Putes Ni Soumises. Elle était là pour les marches de Ghofrane. » Elle nous a emmenées dans sa chambre et a commencé à pleurer. Nous avions très mal au cœur, puis Souri s'est mise à pleurer avec Chadia. Moi, je les regardais en souffrant du plus profond de mon être, mais je restais forte… en surface.

Chadia a commencé à parler dans ses larmes. Elle disait : « Souri, ils ont torturé ma sœur ! Elle a dû crier, les supplier… Ma sœur est partie, elle n'est plus là ! Ces bâtards, ces fils de putes, ils se sont pris pour Dieu ! Ils l'ont jugée coupable et ont choisi leur sentence : la tuer à coups de pierres ! » Souri était sous le choc, mais moi, j'ai vu dans cet accès de colère un signe de guérison. Chadia prenait conscience de la disparition de Ghofrane. Jusqu'à présent, elle avait fait comme si elle allait la revoir d'un instant à l'autre.

Puis Chadia s'est mise à chanter, chanter, chanter. Elle chantait la chanson de Francis Cabrel, *C'était l'hiver* : « Elle disait qu'elle avait trop marché, elle disait que son cœur était plein de secrets, elle disait que la vie était cruelle, elle ne croyait plus au soleil ni au silence des églises… » Je les regardais toutes les deux : Souri en train de pleurer et Chadia à chanter sa souffrance avec sa belle voix grave.

Nous sommes sorties au jardin, et Chadia s'est assise dans la voiture de Souri, où elle a écouté des chansons, puis elle est rentrée à l'hôpital. À ce moment-là, elle m'a dit qu'elle voulait se soigner seule. Je lui ai fait confiance. J'ai pris la décision qu'elle rentrerait à la maison dès le lendemain. Le docteur m'a mise en garde : il serait très difficile de la prendre en charge seule... Je lui ai répondu que des Parisiens m'avaient appelée « Mme Courage »... J'étais capable de m'occuper de ma fille. Mais j'ai ajouté que je m'étais trouvé un surnom qui me correspondait davantage : au fond de mon cœur, j'étais « Mme Souffrance »...

Le lendemain, le 19 octobre 2005 à 11 heures, Souri et moi sommes allées à la Timone, et Chadia est sortie de l'hôpital. C'était l'anniversaire de la mort de Ghofrane. Mon ami Ben, qui est coiffeur, a installé Chadia dans ma chambre et l'a coiffée : coupe, couleur et brushing. Elle était très belle. On a fait un bon repas tous ensemble, avec Souri et les capoeiristes. Chadia était là sans être là. Elle dormait à côté de nous, mais elle souriait.

Le lendemain, je l'ai accompagnée au Centre Bourse pour qu'elle s'achète des vêtements : elle marchait en bavant, absente. Au retour, elle a réagi à ses médicaments et a fait un malaise. J'ai immédiatement pris un rendez-vous avec le psychiatre : il fallait qu'elle arrête de prendre tous ces cachets ! Elle avait dix comprimés par jour : j'ai décidé qu'elle ne garderait que les deux cachets du soir.

J'ai eu l'idée d'une thérapie. Il fallait être avec elle et la maintenir en activité. Le lendemain matin, je l'ai réveillée à 3 heures du matin pour qu'elle vienne avec moi au travail, à 4 heures. Pendant que je faisais le ménage dans des immeubles, elle restait auprès de moi, assise dans l'escalier. Le quatrième jour, elle a commencé à m'aider. Elle a passé du désinfectant sur les boîtes aux lettres, le balai dans le couloir, et a sorti les poubelles. Deux semaines après, elle nettoyait les six étages avec moi.

Un jour, mon patron l'a surprise. Il lui a demandé qui elle était, et elle lui a répondu : « Je suis la fille de Monia, j'aide ma mère, car il y a beaucoup de travail. » Il n'a rien dit. J'avais peur qu'il ne me renvoie… L'emmener avec moi, c'était ça, ma thérapie : j'étais persuadée qu'il fallait qu'elle travaille pour aller mieux.

Cette thérapie a porté ses fruits : Chadia ne fume plus de haschisch. Parfois, elle sort accompagnée de son ami Eudes, qui fait du sport avec elle, et en rentrant elle me dit : « Maman, j'ai bu deux *baby*… ». Alors Naoufel me dit, avec son beau sourire : « Tu ne peux pas forcer quelqu'un à aller vers Dieu, mais Dieu, lui, attirera la personne qu'il veut vers soi. » De toute façon, je préfère que ma fille ne se cache pas et soit honnête : je lui fais confiance, elle me dit exactement tout ce qu'elle a fait. Naoufel, bien que pratiquant, pense la même chose que moi : mieux vaut que sa sœur soit franche, plutôt que sainte nitouche…

Chadia a vraiment été traumatisée par la mort de sa sœur. Maintenant, elle se protège, et cela complique ses rapports avec ses proches. Elle a l'impression qu'elle ne doit plus s'attacher aux gens qu'elle aime, sinon ils mourront eux aussi.

Grâce à Dieu, elle va mieux à présent. Elle ne prend plus qu'un cachet le soir et elle s'est inscrite dans une salle de sports, ainsi qu'à la piscine. Elle se dépense et a recommencé à s'occuper de sa fille. Heureusement, le papa d'Inès l'aide beaucoup et vient voir sa petite tous les jours.

S'investir pour s'en sortir

Mes autres enfants ont également eu des difficultés, mais chacun a trouvé un domaine où canaliser sa colère.

Naoufel investit toute son énergie dans son association, *Capoeira da rua*. C'est lui, l'homme de la maison. Il est notre guide. Il faut dire qu'il a aussi trouvé du réconfort dans la religion. Pendant un moment, cela m'a inquiétée. J'étais allée voir ce qui se passait dans les mosquées qu'il fréquentait : ce que j'y avais entendu ne me plaisait pas beaucoup... J'ai proposé à mon fils de se rendre en Tunisie et de découvrir l'islam qui s'y pratique. Son voyage l'a fait changer de point de vue. Il a apprécié la pratique d'un islam pacifique, ouvert et souple. Maintenant, il préfère prier à la maison. Nous lui demandons sans cesse : prie pour nous, qui sommes des pécheurs...

Iman, elle, fait de la danse. Elle a également trouvé un travail qui lui convient : elle s'occupe de l'entretien dans un... monastère ! Même si elle est active et travailleuse, je sais que ma fille garde en elle une grande blessure. Elle refuse les psychologues. Mais je la laisse aller à son rythme. Elle sait que je suis là, pour elle, et que je serai toujours là quand elle aura besoin de moi.

Ahmed est toujours suivi par un psychologue de l'AVAD (Aide aux victimes d'actes de délinquance). Et Nizar... Nous ferons tout pour qu'il ait une belle enfance.

Johnny, quant à lui, a eu un choc diabétique à la mort de Ghofrane, tant sa disparition l'a frappé. Suite à ce malaise, nous sommes tous allés le voir à l'hôpital. Sur sa table de chevet, il y avait un portrait de Ghofrane... Parfois, je le vois écrire dans un carnet. Quand je lui demande ce qu'il fait, il me répond : « J'écris mon livre : *Un Savoyard chez les Arabes* ! »

Tous ensemble, nous formons une belle famille, dont je suis très fière. Nous sommes unis par des liens solides d'amour, de tendresse, et surtout par le dialogue. Je crois qu'avec l'amour, on peut aller très loin.

Moi, la mère…

J'ai l'impression qu'il me faut renaître à la vie. Quelque chose en moi a disparu et c'est très douloureux. Je pense toujours à Ghofrane, je la vois partout : dès que je passe dans le Centre Bourse – c'est-à-dire tous les jours, car nous habitons sur son parvis –, je l'imagine dans les boutiques où elle avait l'habitude de se rendre. Je la vois en train de se parfumer, je la vois en train de regarder des vêtements pour me les offrir, je la vois assise à une table de restaurant, me regarder avec ses grands yeux, et me dire : « Maman chérie, prends ce que tu veux ! » Parfois, je pleure, mais seule. Dans l'islam, on dit que pleurer les morts n'est pas bon : cela les fait souffrir. J'essaie de résister mais, parfois, je suis sur le point de craquer. La rue est devenue une obsession pour moi. Je porterai son deuil toute ma vie, mais je n'ai pas le droit de craquer, mes autres enfants ont besoin de moi.

Le médecin de Chadia me dit le contraire : je ne suis pas le pilier de la famille, mais l'un des maillons de cette chaîne. Il me dit qu'il *faut* que je craque, maintenant, parce que ce sera très difficile si tout cela sort plus tard… Mais j'ai encore de la force. Je sens en moi la force et le courage de Ghofrane, et c'est son courage qui me fait me relever dans les moments les plus difficiles. Quand je me sens faiblir, elle vient me prendre la main ; Johnny me prépare « le café de Ghofrane », et je récupère. Je suis seule en France avec mes enfants et je dois être forte pour deux : je dois être leur père et leur mère. Il me faut vaincre toutes les épreuves que Dieu a mises sur mon chemin.

Je mets toute mon énergie au service de mes enfants. Si j'ai toujours été commerçante, si j'aime l'indépendance, aujourd'hui j'ai choisi d'être employée. Cette solution me permet de nourrir ma famille tout en restant auprès d'elle : je travaille dès 4 heures du matin, pour être libre tôt et me consacrer à mes enfants. Je fais des ménages : d'un côté, cela me rapproche de Ghofrane, et de l'autre, ce type de travail me vide la tête. En attendant.

Heureusement, mon employeur actuel, M. Ortis, patron de VP Nettoyages, est quelqu'un de formidable. Il m'a appelée le jour de l'anniversaire de Ghofrane, le 9 février 2006, pour me demander si j'avais besoin de quelque chose et pour m'assurer de son soutien. Son geste m'a profondément touchée, et Dieu sait que j'ai bien besoin d'aide, mais je continue de mettre un point d'honneur à me débrouiller seule.

Si Dieu le veut, je retournerai m'installer à La Seyne-sur-Mer. Mais je vivrai toujours à Marseille. C'est ma ville, ma bouffée d'oxygène, je ne peux pas m'en passer. J'ai beaucoup voyagé. J'ai vu la Finlande, l'Afrique du Sud, la Suisse, l'Angleterre, mais dans toutes les magnifiques cités que j'ai visitées je ne me suis jamais sentie aussi bien qu'à Marseille. J'y ai mes attaches désormais.

Je tente de me remettre, tout doucement. Je fais des tentatives pour me rapprocher de mon Dieu, que j'avais rejeté si brutalement à la mort de Ghofrane, mais c'est un travail lent et difficile. Mon fils m'a dit qu'avant de faire la paix avec Dieu, je devais faire la paix avec moi-même. Je pense qu'il a raison et c'est ce que j'essaie de faire. Je suis en train de m'apaiser, je me rapproche de Dieu peu à peu. Je reprends confiance.

Avoir foi en l'avenir

Le jugement aura lieu *a priori* en novembre 2006 ou en février 2007.

J'aurais tendance à dire que je n'attends rien de ce procès. Il sera la conséquence d'une reconstitution factice, car les prévenus mentent. Et quoi qu'il arrive, je sais que ceux des meurtriers de Ghofrane qui seront condamnés sortiront un jour et tueront d'autres filles. Toutefois, je continue de faire confiance à mon avocat et à la justice française. Et je continue d'espérer un procès juste et équitable.

Le plus important pour moi reste la qualification du crime. Il faut que les assassins soient jugés pour ce qu'ils ont commis, c'est-à-dire un acte de barbarie. C'est important à plusieurs titres : d'abord parce qu'il faut que l'atrocité de l'assassinat de Ghofrane soit reconnue et, conséquemment, que les prévenus soient jugés selon leurs méfaits. Une qualification d'homicide volontaire leur vaudrait une peine minime, tandis que la qualification d'acte de barbarie permettrait de passer outre leur statut de mineur : ils pourraient être passibles d'une peine à perpétuité assortie d'une peine de sûreté de vingt-deux ans.

Je ne veux pas la pitié de mes lecteurs. Ce livre n'est pas une plainte, mais un appel au combat. Je n'ai pas besoin qu'on me souhaite du courage : il m'en reste encore beaucoup...

Savoir la vérité sur l'assassinat de Ghofrane est maintenant le combat de ma vie. Je poursuivrai tous ceux qui lui ont fait subir un dommage, jusqu'à ce que justice soit faite. J'irai jusqu'au bout. Mais je ne suis plus seule. Ce livre est pour moi un véritable espoir. Même si j'ai réussi à sensibiliser de nombreuses personnes, cela ne suffit pas : il faut que tout le monde connaisse l'affaire de Ghofrane avec ses zones d'ombre. Seule, je ne peux pas faire avancer l'enquête. Ce livre est mon seul espoir de voir un jour ma fille vengée.

Une association pour aider les familles de victimes

Mon expérience douloureuse m'a révélé une chose : on ne peut pas imaginer la souffrance des familles de victimes tant qu'on n'a pas enduré leur calvaire. Il a été tellement difficile pour moi de parvenir à me faire entendre... C'est pourquoi je projette de créer une association d'aide aux victimes. Je trouve important d'avoir moi-même subi ce traumatisme : je n'en serai que plus à même de comprendre les familles.

Je compte aussi rendre visite aux étudiants en droit : les futurs juges, procureurs et avocats. Il faut sensibiliser la justice de demain au problème des multirécidivistes et particulièrement lorsqu'il s'agit de mineurs.

Sensibiliser... C'est le maître mot de mon avenir, tel que je me le représente. Il y a tant de personnes à toucher ! Si je le peux, j'irai visiter des écoles, des collèges, des lycées, des facultés. Et des prisons. Peut-être continuerai-je même plus tard ma lutte hors de nos frontières, dans les pays qui pratiquent encore la lapidation, afin de mobiliser la presse et, ainsi, tenter de faire changer les mentalités. L'aboutissement d'une telle démarche serait qu'une loi-cadre internationale condamne à tout jamais les crimes d'honneur au même titre que les crimes contre l'humanité... Je veux me consacrer corps et âme à cette cause : faire en sorte que les pratiques barbares ne fassent plus de victimes à travers le monde.

Le nom de mon association est tout désigné : elle s'appellera simplement « Ghofrane ». Il faut que ce prénom devienne un symbole de la liberté bafouée. Mais même morte, Ghofrane n'a pas d'entrave : son âme vole de par le monde et continue de jouir des belles choses. Plus sur terre, certes... Mais au paradis. Je le sais, comme je sais que Dieu est plein de clémence.

J'aimerais réellement que les personnes touchées par mon message participent activement à ma cause. J'ai une seule chose à leur dire :

À travers ce livre, c'est Ghofrane qui frappe à votre porte. N'ayez pas de chagrin et soyez présents au procès. Venez alimenter notre cellule de soutien. Pour nous contacter, il vous suffit de nous adresser un message à l'adresse électronique suivante : **proces-ghofrane@hotmail.fr**. Plus vous serez nombreux, plus nous serons forts.

La France doit réagir à la barbarie : il faut défendre les grands principes fondateurs de la république, avant qu'une jeunesse sans scrupule ne détruise la liberté, l'égalité et la fraternité. Ce genre de choses ne doit plus jamais arriver, et je demande à chaque citoyen de prendre ses responsabilités et de s'engager dans ce combat pour les droits les plus fondamentaux de l'humanité.

Unissons-nous pour crier : NON À LA VIOLENCE, *que nos enfants, de quelque religion qu'ils soient, puissent circuler en paix dans les rues de France.*

À Marseille,
mars 2006.

POSTFACE

Le livre

Le 27 mai 2005, à la veille de l'arrivée de la Marche mondiale des femmes à Marseille, j'avais appris qu'un colloque organisé par l'Institut de la Méditerranée et le *Forum Femmes Méditerranée* traiterait des violences faites aux femmes. Mme Capel, la directrice de l'école d'Ahmed, m'avait conseillé de contacter le *Forum Femmes Méditerranée*, et on m'avait invitée à venir prendre la parole à la tribune. J'y suis allée, et j'y ai rencontré M. Jean-Claude Tourret, le délégué général de l'Institut de la Méditerranée.

Le lendemain, je suis intervenue à l'Hôtel de Région, lors d'un forum dédié aux femmes migrantes. M. Tourret, touché par mon drame, m'a proposé de me mettre en rapport avec l'Institut de la Méditerranée. Cet institut avait coédité un rapport sur la situation des femmes en Méditerranée et se disait concerné par la lapidation subie par ma fille. On me proposa de m'aider à faire le récit de mon combat depuis le jour où j'appris la triste nouvelle. J'ai donc rencontré Anne Bécart, qui a recueilli mes propos six mois durant et avec l'assistance de laquelle j'ai pu rédiger ce livre.

Je suis très reconnaissante à l'Institut de la Méditerranée de m'avoir donné cette opportunité, et j'attends beaucoup de mon livre.

REMERCIEMENTS

Je tenais à remercier toutes les personnes qui m'ont aidée et, en particulier, le maire de Marseille, M. Gaudin, ainsi que Mme Marie-Noëlle Mivielle et M. Salah Bariki, qui m'ont accompagnée et soutenue dès le premier jour,

Le gouvernement et le consulat de Tunisie, notamment M. Hafsi, consul général, et M. et Mme Meletti,

Mme la ministre de la Parité et de l'Égalité professionnelle, Nicole Ameline, pour son soutien,

Ainsi que tous les élus qui ont marché pour Ghofrane,

Mon avocat maître Fayolle et le cabinet Moneret,

L'équipe du Savu : Dominique, Élisabeth et Karen, qui nous ont beaucoup soulagés dans les pires moments,

Le Dr Bourgat,

L'Institut de la Méditerranée, son délégué général M. Jean-Claude Tourret et son président M. Henry Roux-Alezais, grâce à qui ce livre a pu voir le jour, ainsi qu'Anne Bécart, qui m'a aidée à le rédiger,

M. le commandant Roland Gonzales et son équipe,

L'association Ni Putes Ni Soumises, surtout Fadela Amara, Safia Lebdi et Soria Mekti (Souri),

Les établissements scolaires qui se sont mobilisés : le lycée Colbert, le collège de La Belle de Mai, l'école primaire Maurice Korsec dont l'équipe a été formidable : la directrice Mme Capel, qui a contacté le Forum Femmes Méditerranée, grâce auquel j'ai pu rencontrer M. Tourret, et l'enseignant de mon fils Ahmed, M. Sloecq,

Le Dr Totoyon de l'hôpital de la Timone,

M. Claryer, psychologue à l'AVAD

La Mission Locale du Ier arrondissement de Marseille et son directeur général, M. Garibian,

Les Maisons Pour Tous,

L'Arcade et sa directrice, Mme Chauvin,

VP Nettoyage et son directeur, M. Ortis,

Les équipes des hôtels Mercure Centre et Sofitel Vieux-Port,

Sud Habitat,

Fac Habitat,

Tous les employeurs de Ghofrane,

Le propriétaire du terrain du Grand Littoral,

Le marbrier qui a posé la plaque commémorative,

Le commissaire de police qui a scellé la bière de Ghofrane,

Mme Huguette, qui est en train de réaliser un portrait de Ghofrane,

Djamila Aït Abbas,

Rania Elbaz,

Micky, Maya, Nathalie et Jean-Jacques Goldman,

Les jeunes de la cité Berthe, Amina, Momo et Arbi,

Charles,

Francis,

Nouri Ruppert,

Mme Alexandre,

Tous les habitants et les commerçants qui se sont mobilisés partout en France, à Marseille, à Toulon, à La Garde, à Oullioules et à La Seyne-sur-Mer, Aïda, Naïma, Moussa, Monder de la Savine, M. Puget

Toutes les associations qui ont accepté de défiler en tant que citoyens,

Tous les manifestants qui ont marché avec nous contre la barbarie,

Tous les journalistes qui ont empêché que le meurtre de Ghofrane ne passe inaperçu,

Sabine et Bernard du Cybercafé *Info-Café*, pour leur amitié et leur précieuse aide,

Gilles Dubois et son unité Centre,

Chokri et ses enfants,

Karima (merci de tout ce que vous avez fait pour Ghofrane),

Les familles Ben Moussa, Haddad, Guenoun, Attar et Cohen,

Kokina et Hadja, Aïcha, Raouda, Faouzia, Olga, Mahmoud Begaga, Paulo, Jahid,

Tous les capoeiristes,

La famille qui nous a accueillis en Tunisie,

Mes enfants Naoufel, Chadia, Iman, Ahmed et Nizar, leur parrain Johnny et ma petite-fille Inès,

Et tous ceux qui formeront notre cellule de soutien lors du procès.

À tous, merci du fond du cœur.

CHRONOLOGIE

2004

17 octobre – Ghofrane disparaît : elle sort après l'appel téléphonique de deux filles et découche.

18 octobre – Son frère rentre de Tunisie avec les accessoires du mariage.

19 octobre – Des promeneurs trouvent le corps de Ghofrane dans un terrain vague près du Grand Littoral, centre commercial du XVIe arrondissement de Marseille, et celui d'un dénommé Yazid, dans le parc de Font Obscure, XIVe arrondissement de Marseille.
– La police effectue des relevés sur les lieux du crime.
– Le prévenu n° 1, le prévenu n° 2 et le prévenu n° 3 sont dans la colline et observent la police avec des jumelles.

20 octobre – La famille apprend la mort de Ghofrane le matin.
– Interrogatoires à l'évêché à 16 heures.
– Monia débute son enquête de rue : un témoin lui indique le prénom du prévenu n° 1.

Du 20 au 27 – Rites funéraires au domicile des Haddaoui.

21 octobre	– Autorisation d'inhumer le corps. – Démarches administratives à l'évêché. – Photographie du prévenu n° 1 montrée à la famille. – Reconnaissance du corps à la morgue. – Monia se rend au terrain vague. Elle doit être hospitalisée. – Prise de contact du fiancé avec la famille. – Parution de l'article diffamatoire de *La Provence*.
22 octobre	– Monia se rend à la morgue. – Contestation de l'article de *La Provence* : entretien avec le directeur de rédaction. – Rencontre du frère de Ghofrane avec les trois prévenus. – Le bar de Monia à La Seyne-sur-Mer est mis sous scellés par la propriétaire du fonds de commerce.
23 octobre	– Monia voit Ghofrane en rêve à 5 heures du matin. – Mise en bière.
27 octobre	– Marche Blanche pour Ghofrane. – Entretien avec l'équipe de Jean-Claude Gaudin, maire de Marseille. – Entretien avec le commandant, la commissaire, le procureur au palais de justice. – Monia attaque en justice la propriétaire du bar de La Seyne-sur-Mer. – Article rectificatif de *La Provence*.
29 octobre	– Enterrement à Thala – Tunisie.
Du 29 au 8	– Séjour des Haddaoui en Tunisie.

7 novembre – Arrestation du prévenu n° 1 pour cambriolage. Il avoue le meurtre.

8 novembre – Retour à Marseille.
– Annonce de l'arrestation du prévenu n° 1 à la famille Haddaoui.

9 novembre – Entretien au cabinet du maire.
– L'association Ni Putes Ni Soumises contacte Monia.

10 novembre – Safia Lebdi interrompt son séjour aux États-Unis et rejoint Monia à Marseille avec Souri Mektil.

11 novembre – Fin de la garde à vue du prévenu n° 1, il est remis à la justice et incarcéré aux Baumettes.
– Nouvel article diffamatoire de *La Provence* : la photo publiée n'a aucun rapport avec le crime.

12 novembre – *La Provence* signale son erreur dans un nouvel article.

18 novembre – Le prévenu n° 1 est lynché par ses codétenus.
– Deuxième marche de protestation.
– Entretien avec le substitut du procureur au palais de justice.
– Début de la médiatisation.

19 novembre – Quatre mineures acceptent de témoigner. Elles sont prises en charge par Monia pour le week-end.

22 novembre – Audition des quatre témoins par la police.

23 novembre – Le prévenu n° 2 et le prévenu n° 3 sont soustraits respectivement de la maison d'arrêt de Luynes et d'un foyer. Ils sont mis en garde à vue.

25 novembre – Entretien des deux prévenus avec le juge d'instruction.
– Le prévenu n° 2 avoue « avoir été présent sans participer ».
– Le prévenu n° 3 est accusé de non-dénonciation du crime. Il est placé sous contrôle judiciaire et logé dans un foyer à Toulon.

27 novembre – Journée internationale contre les violences faites aux femmes.
– Troisième marche de protestation.

28 novembre – Diffusion des émissions de télévision : *On ne peut pas plaire à tout le monde*, de Marc-Olivier Fogiel, et le *Journal Clair*, de Karl Zéro.

Décembre – Monia et son équipe enquêtent dans la rue.
– Elle retourne travailler à La Seyne-sur-Mer pour un mois.

5 décembre – Date prévue pour le mariage de Ghofrane et B*.
– Monia est hospitalisée et signe une décharge pour sortir de la clinique.

22 décembre – Première rencontre avec le juge d'instruction.

31 décembre – Le prévenu n° 3 commet des actes de vandalisme en plein centre de Marseille.

2005

9 février – Inauguration de la plaque commémorative en souvenir de Ghofrane.
– 24e anniversaire de Ghofrane.

Mars	– Monia part en Algérie sur les traces du prévenu n° 2.
27 mai	– Rencontre avec Jean-Claude Tourret, délégué général de l'Institut de la Méditerranée : projet de livre. – Prise de parole au colloque sur les violences faites aux femmes, organisé par l'Institut de la Méditerranée et le Forum Femmes Méditerranée.
Juin	– Maître Fayolle remplace maître A et maître S. – Résultats du test ADN identifiant Ghofrane.
Septembre	– Résultats du complément d'analyse ADN : le prévenu n° 1 est identifié. Il y a aussi deux empreintes non identifiées.
Octobre	– Hospitalisation de Chadia.

2006

23 janvier	– Reconstitution.
9 février	– 25e anniversaire de Ghofrane.
9 mars	– Deuxième rencontre avec le juge d'instruction : la qualification envisagée pour le crime est celle d'« actes de barbarie ».
Novembre	– Date prévisionnelle du procès.

TABLE DES MATIÈRES

Dumas-Titoulet Imprimeurs
Dépôt légal : février 2007
N° d'impression : 45225
Imprimé en France